Heinz Rüegger

Vom Sinn im hohen Alter

TVZ

Heinz Rüegger

Vom Sinn im hohen Alter

Eine theologische und ethische Auseinandersetzung

T V Z
Theologischer Verlag Zürich

Die Deutsche Bibliothek – Bibliografische Einheitsaufnahme
Die Deutsche Bibliothek verzeichnet diese Publikation in der Deutschen Nationalbibliografie; detaillierte bibliografische Daten sind im Internet über http://dnb.dnb.de abrufbar.

Umschlag
Simone Ackermann
Unter Verwendung einer Fotografie von Jean Rüegger-Deschenaux

Fotografien von Mikrokristallen im Buch
Jean Rüegger-Deschenaux

Druck
Rosch Buch, Scheßlitz

ISBN 978-3-290-17871-0

www.tvz-verlag.ch

Inhalt

Vorwort

Wir werden immer älter. Seit Jahrzehnten entwickelt sich unsere Gesellschaft zu einer Gesellschaft des langen Lebens. Ein hohes Alter zu erreichen, ist nicht mehr das Privileg von wenigen; es ist die Lebenserwartung eines Grossteils der Bevölkerung geworden. Was eigentlich als zivilisatorische Errungenschaft ersten Grades zu würdigen wäre, wird allerdings mehrheitlich als ambivalent empfunden. Möglichst lange leben, das wollen viele. Alt sein und hochbetagt werden, das verbinden die wenigsten mit positiven Vorstellungen. So befinden wir uns in der eigenartigen Situation, dass einerseits durch Wissenschaft, Technik, Medizin und Sozialpolitik alles getan wird, um immer ausgeprägter eine Gesellschaft des langen Lebens zu verwirklichen, dass unsere Gesellschaft sich aber andrerseits weithin an einem Juvenilitätsideal orientiert (ganz nach dem Motto des Anti-Aging: *forever young!*), den Prozess des Alterns zu verhindern versucht und das Alter – insbesondere das hohe Alter, das quantitativ die am stärksten wachsende Bevölkerungsgruppe darstellt – entwertet.

In einer solchen Situation stellt sich unweigerlich die Frage, was denn der Sinn von Hochaltrigkeit sei. Die Frage stellt sich im Blick auf das alternde Individuum, also im Blick auf jeden Einzelnen und jede Einzelne von uns: Was ist der Sinn des Lebens im hohen Alter, in einer Lebensphase, in der sich Erfahrungen von körperlicher und vielleicht auch geistiger Fragilität, Verletzlichkeit und Grenzen in besonders aufdringlicher Weise manifestieren und das Angewiesensein auf Hilfe und Unterstützung durch andere zunimmt? Die Frage stellt sich aber auch im Blick auf die Gesellschaft insgesamt: Worin könnte für eine Gesellschaft mit einem hohen Anteil hochaltriger Mitglieder der Sinn dieser Realität hochaltrigen Lebens liegen? Was könnte sie von der Existenz von Menschen im hohen Alter lernen?

Diese Fragen sind nicht leicht zu beantworten – weder auf der individuellen noch auf der gesellschaftlichen Ebene. Sie sind aber zentral angesichts der demografischen Entwicklung, wenn auch weithin ungeklärt. Der Soziologe Peter Gross hat unlängst eine tiefe Sinnkrise im Blick auf das hohe Alter diagnostiziert, ja er glaubt geradezu von einer Sinnfinsternis sprechen zu müssen. Wer im Rahmen von Seelsorge, Pflege oder Sozialer Arbeit mit hochaltrigen Menschen im Kontakt steht, aber auch wer den öffentlichen Altersdiskurs in den Medien aufmerksam verfolgt, weiss, dass es tatsächlich angezeigt sein dürfte, sich der Frage nach dem Sinn nicht einfach von Alter generell, sondern von hohem Alter im Besonderen zu stellen.

Die folgenden Überlegungen greifen diese Frage unter einem primär theologischen und ethischen Blickwinkel auf. Dabei ist es ihr Anliegen, dazu anzuregen, in Zustimmung oder Widerspruch ernsthaft und fundiert das Gespräch über die Frage nach dem Sinn des hohen Alters aufzugreifen und weiterzuführen. Denn eine Gesellschaft wie die unsere, in der in den kommenden Jahren die geburtenstarken Jahrgänge der sogenannten Babyboomer in die Lebensphase des Alters eintreten, kommt nicht darum herum, sich dieser Aufgabe zu stellen, wenn ihr an der Erhaltung einer humanen Kultur des sozialen, intergenerationellen Miteinanders gelegen ist.

Für Anregungen vielfältiger Art zur Erarbeitung der hier vorgelegten Überlegungen weiss ich mich dem Arbeitskreis für Religionsgerontologie am Zentrum für Gerontologie der Universität Zürich sowie meinen Kolleginnen am Institut Neumünster zu Dank verpflichtet. Ein besonderer Dank gilt Lisa Briner vom TVZ-Verlag für das umsichtige Lektorieren des Buchmanuskriptes.

Ich veröffentliche dieses Buch im Andenken an meinen Onkel Jean Rüegger-Deschenaux (1926–2008), von Hause aus Banker, der im Alter zu einem international angesehenen

Mikrofotografen wurde. Er fand Sinn im Alter nicht zuletzt darin, dass er sich von der geheimnisvollen Schönheit der mikroskopischen Strukturen alltäglicher Substanzen berühren liess, von der das Umschlagbild und die Bilder vor jedem Kapitel dieses Buches einen Eindruck vermitteln.

Zollikerberg, im Januar 2016 Heinz Rüegger

1. Hochaltrigkeit

1.1 Hochaltrigkeit als neues demografisches Phänomen

Westliche Gesellschaften sind seit einiger Zeit in einem relativ raschen Entwicklungsprozess hin zu einer ‹Gesellschaft des langen Lebens› begriffen. Das ist ein relativ junges Phänomen, das sich erst seit der zweiten Hälfte des letzten Jahrhunderts deutlich abzeichnet.[1] Lag die durchschnittliche Lebenserwartung bei Geburt in der Schweiz im Jahre 1900 bei 46,2 bzw. 48,9 Jahren (für Männer bzw. Frauen), so betrug sie 2012 bereits 80,5 bzw. 84,7 Jahre, was fast einer Verdoppelung gleichkommt.[2] In Deutschland liegt die Lebenserwartung jeweils nur wenig tiefer: für 1901 bei 44,8 bzw. 48,3 Jahren, für 2012 bei 78,3 bzw. 83,1 Jahren.[3] Menschen, die ein hohes Alter erreichten, gab es zwar schon immer; sie waren aber eher eine Ausnahme. Dass die Wahrscheinlichkeit, ein hohes Alter zu erreichen, jedoch zum erwartbaren Normalfall für einen Grossteil der Bevölkerung geworden ist,[4] stellt ein menschheitsgeschichtliches

---

1 Amrhein, Die soziale Konstruktion, 10. In sozioökonomisch hochentwickelten Ländern steigt die durchschnittliche Lebenserwartung allerdings bereits seit etwa der Mitte des 19. Jh. ziemlich konstant um zweieinhalb Jahre pro Jahrzehnt oder drei Monate pro Jahr oder 6 Stunden pro Tag an (Vaupel, Statt tot zu sein, 213).

2 Bundesamt für Statistik, Neuchâtel 2014. Stefanie Graefe, Silke van Dyk und Stephan Lessenich weisen darauf hin, dass «der einstmals so kurze ‹Lebensrest Alter› inzwischen – insbesondere für Frauen – einen Zeitraum von über 30 Jahre umfassen (kann)» (Altsein ist später, 300). Besonders markant ist die Zunahme der Anzahl Personen im Alter von 100+. François Höpflinger spricht diesbezüglich von einer eigentlichen «Wachstumsexplosion» seit ca. 1970 (Wohnformen, 1). Als geschichtlicher Hintergrund für die Bedeutung dieser Daten muss man sich klar machen, dass die durchschnittliche Lebenserwartung in den letzten 10'000 Jahren die meiste Zeit nur gerade zwischen 20 und 30 Jahren lag (Vaupel, Statt tot zu sein, 213).

3 Quelle: Statistisches Bundesamt, Wiesbaden, bearbeitet durch M. Luy (www.lebenserwartung.info/index-Dateien/ledeu.htm).

4 Arthur E. Imhof spricht in diesem Zusammenhang von einem sich ab

Novum und eine zivilisatorische Errungenschaft erster Güte dar.[5] Man kann geradezu von einer Erfindung des Alters als eigenständiger Lebensphase sprechen.[6]

Langlebigkeit bzw. Hochaltrigkeit im heute gegebenen und weiter zunehmenden Ausmass hat Auswirkungen auf alle Lebensbereiche: persönlich, familiär, gesellschaftlich, wirtschaftlich, politisch und kulturell. Hochaltrigkeit dürfte die zentrale sozialpolitische Herausforderung des 21. Jahrhunderts darstellen und wird in Zukunft noch weitaus bedeutsamer werden als dies schon heute der Fall ist.[7]

Ging man früher landläufig von einer dreifachen Unterteilungen des Lebenslaufs in Kindheit/Jugend, mittleres Erwachsenenalter und Alter als Phase des Ruhestandes aus, führte die Ausweitung der Lebenszeit dazu, dass sich heute der Vorschlag von Peter LASLETT weitgehend durchgesetzt hat, die Altersphase nochmals zu unterteilen in eine dritte Lebensphase des jungen Alters und eine vierte Lebensphase des hohen Alters oder der Hochaltrigkeit.[8]

---

ca. 1930 vollziehenden Wandel von der unsicheren zur sicheren Lebenszeit (Die Lebenszeit, 54–112).

5 James E. BIRREN hat im Blick auf diese Entwicklung 1986 den Begriff des *homo longaevus*, des langlebigen Menschen, eingeführt (vgl. ROSENMAYR, Die Kräfte des Alters, 26).

6 Bodo DE VRIES weist darauf hin, dass es «das Alter als Lebensphase im frühen 20. Jahrhundert noch nicht (gab). Letzteres ist vor diesem Hintergrund erst eine relativ junge Erfindung» (Erfindung des Alters, 127). Nach einer Trendstudie des Gottlieb Duttweiler Instituts wurde im 20. Jahrhundert die Jugend neu erfunden, während das 21. Jahrhundert dabei ist, das Alter neu zu erfinden (FRICK/FROBÖSE/GÜRTLER, Gesellschaft des langen Lebens, 8).

7 HÖPFLINGER, Das vierte Lebensalter, 43. Nach den Prognosen des Bundesamtes für Statistik (Trendszenario) dürfte der Anteil der Altersgruppe 80+ an der Schweizer Wohnbevölkerung von 5 % im Jahr 2013 auf 12 % im Jahr 2050 ansteigen (HÖPFLINGER, Wohnen, 35).

8 LASLETT, Das dritte Alter. Diese Untergliederung wurde in der Folge zum Teil noch weiter differenziert. So greift François Höpflinger zwar auch auf diese Zweiteilung der Altersphase zurück, führt sie aber noch weiter

Dabei wird diese Unterscheidung in der Gerontologie heute weniger nach Kriterien des chronologischen Alters, sondern eher nach funktionalen Gesichtspunkten der Gesundheit und der Alltagsbewältigung vorgenommen.[9] Während das dritte Lebensalter der jungen Alten gekennzeichnet ist durch Befreiung von beruflichen und familiären Verpflichtungen, gute Gesundheit und selbständige, aktive Lebensführung im vollen Besitz der Kräfte, bezeichnet das vierte Lebensalter der Hochaltrigkeit eine Lebensphase, die durch zunehmende biologische Abbauprozesse, reduzierte Reservekapazitäten, erhöhte Vulnerabilität (Fragilität/*frailty*[10]), steigendes Risiko

---

durch eine Aufteilung in vier Phasen im Lebenslauf alternder Erwachsener: 1. Phase: Ende des Erwerbslebens; 2. Phase: gesundes Rentenalter; 3. Phase: Zeit verstärkter Fragilität und Einschränkungen; 4. Phase: letzter Lebensabschnitt mit relativ hoher Pflegebedürftigkeit (Demografisch-gesellschaftliche Wandlungen, 166–171). Dass solche Phasenunterteilungen nicht als starres Schema missbraucht werden sollten, ist allerdings zu Recht betont worden. So sind Andreas Motel-Klingebiel, Jochen Philipp Ziegelmann und Maja Wiest der Meinung, wissenschaftlich sei die Unterteilung des Alters in zwei verschiedene Lebensphasen wenig zielführend und plädieren dafür, «die Trennung zwischen zwei Lebensphasen zugunsten der Lebensverlaufs- und Entwicklungsperspektive aufzugeben und vielmehr die zahlreichen Facetten einer [einzigen, H. R.] Lebensphase [des Alters, H. R.] aufzuzeigen» (Hochaltrigkeit, 8). Nach Frick/Froböse/Gürtler, Gesellschaft des langen Lebens, 12, ist heute ohnehin von einem Konzept des «Fluid Life» auszugehen: «Altern ist keine von anderen Lebensphasen abgetrennte Kategorie mehr, sondern grenzenlos. Es fängt nicht an und hört nicht auf … Die Phasen (sind) ‹fluid› – sie sind fliessend, gehen ineinander über.»

9 Allerdings wird von vielen Gerontologinnen und Gerontologen darauf hingewiesen, dass sich der Übergang vom jungen ins hohe Alter, vom *young old* zum *old old*, häufig im Alter von 80 bis 85 Jahren vollzieht (vgl. Perrig-Chiello/Höpflinger, Hochaltrigkeit, 214). So definiert auch der Vierte Altenbericht der deutschen Bundesregierung pragmatisch das hohe Alter als die Lebensphase, die zwischen 80 und 85 Jahren beginnt und durch erhöhte Wahrscheinlichkeit für Multimorbidität, Pflegebedürftigkeit und Demenz gekennzeichnet ist (Bundesministerium für Familie, Senioren, Frauen und Jugend [BFSFJ], Vierter Bericht zur Lage der älteren Generation, 48).

10 Als geriatrisches Syndrom der *frailty* oder Gebrechlichkeit bezeichnet

funktionaler Abhängigkeit sowie eine insgesamt verschlechterte Gewinn-Verlust-Bilanz charakterisiert ist.[11]

Wie immer diese beiden Altersphasen voneinander unterschieden werden, ist es offensichtlich, dass wir es mit zwei sehr verschiedenen Kulturen zu tun haben.[12] Junge Alte verstehen sich selber in der Regel noch gar nicht als ‹alt›[13] und pflegen einen Lebensstil, der in manchen Aspekten dem des mittleren Erwachsenenalters ähnlicher ist als dem von Hochaltrigkeit.[14] Gerontologie hebt in neuerer Zeit zu Recht hervor, dass die Leitbilder, die zentralen Werte und die Herausforderungen für die beiden Kulturen sehr verschieden definiert werden müssen. Während es im jungen Alter um ein Modell des ‹aktiven Alterns› (*active aging*) oder des ‹erfolgreichen Alterns› (*successful aging*) geht, dessen Sinnhaftigkeit im Auskosten der «späten Freiheit»[15] und im Einsetzen vorhandener Ressourcen

---

man den bei einer Akkumulation von Zellschädigungen sich einstellenden Zustand hochgradig reduzierter Reservekapazität und deutlich erhöhter Vulnerabilität (Kruse, Grenzgänge im Alter, 33).

11 Pasqualina Perrig-Chiello und François Höpflinger fassen die Realität des zunehmenden Überwiegens der Verluste gegenüber den Gewinnen bündig zusammen: «Mit zunehmendem Alter sind signifikante Einbussen bei sämtlichen sensorischen Prozessen zu verzeichnen (Hörfähigkeit, Sehkraft, Geschmacks-, Geruchs- und Tastsinn), bei der Reaktionsgeschwindigkeit, bei den meisten kognitiven Prozessen (Kurzzeitgedächtnis, Aufmerksamkeit, Arbeitsgedächtnis, Langzeitgedächtnis), beim objektiven Gesundheitszustand wie bei der subjektiven Gesundheitseinschätzung. Hnzu kommen vermehrte soziale Verluste wie beispielsweise Verluste geliebter und befreundeter Menschen, aber auch der Verlust eines anerkannten sozialen Status» (Babyboomer, 135).

12 Höpflinger, Demografisch-gesellschaftliche Wandlungen, 171.

13 Leopold Rosenmayr formuliert treffend: «Je älter die Menschen werden, desto später lassen sie ‹das Alter› im eigenen Leben beginnen» (Die Kräfte des Alters, 51).

14 Befragungen haben ergeben, «dass die zweite Lebenshälfte bis zum Lebensalter von (ungefähr) 80 Jahren von den meisten Befragten als relativ alterslose Kontinuität des Erwachsenendaseins […] konstruiert wird» (Graefe/von Dyk/Lessenich, Altsein ist später, 303).

15 Rosenmayr, Die späte Freiheit.

für selbstbestimmte Aktivitäten gesucht wird, geht es im hohen Alter um die Wahrung einer möglichst hohen Lebensqualität und Lebenszufriedenheit angesichts abnehmender Ressourcen und zunehmendem Unterstützungsbedarf, wobei Lebenserfahrung und Reife innerer Einstellungen wesentlich zum Gelingen dieser Lebensphase beitragen können.[16]

1.2 Hochaltrigkeit als negative Projektionsfläche des Alters

Ein Kennzeichen heutigen Alterns besteht in der soziokulturellen Verjüngung des Alters: Der Lebensstil heutiger Älterer hat sich – im Vergleich zu früheren Generationen älterer Menschen – stärker einer Kultur jüngerer Menschen angepasst.[17] 70-Jährige sind heute so gesund wie vor fünfzig Jahren 60-Jährige[18] und verkörpern einen Lebensstil, wie er früher wesentlich Jüngeren entsprach. Gerade die jetzt in die dritte Lebensphase eintretende Generation der Babyboomer[19] hat eine ausgesprochen jugendorientierte Lebenseinstellung verinnerlicht (nach dem Motto der Anti-Aging-Bewegung: *forever young!*) und orientiert sich auch im Blick auf das Älterwerden an Werten wie Leistung, Gesundheit, Vitalität, Unabhängigkeit und Genuss – Werten also, die ganz auf eine Kultur des mittleren Erwachsenenalters zugeschnitten sind. Sie haben zweifellos zur Befreiung

---

16 Für eine ausführliche Charakterisierung der Situation hochaltriger Menschen und der sich ihnen stellenden Herausforderungen vgl. Bromkamp, Wenn Pastoral Alter lernt, 77–79.

17 Für dieses Phänomen der Verjüngung des Sozialverhaltens hat der Trendforscher Matthias Horx den Begriff des ‹Downaging› geprägt und sieht darin einen Megatrend unserer Gesellschaft (Das Megatrend-Prinzip, 128ff.).

18 So der Demografie-Forscher James Vaupel in der NZZ am Sonntag vom 31.08.14, 62.

19 Unter der Babyboomer-Generation versteht man die Jahrgänge, die zwischen 1946 und 1964 zur Welt kamen.

des jungen Alters von starren Rollenvorstellungen geführt und neue Optionen der Lebensgestaltung erschlossen. Gleichzeitig entstanden dadurch aber neue soziale Zwänge, etwa derjenige, «das sichtbare körperliche Altern zu verdrängen oder zu bekämpfen. Lebenslanges Lernen, möglichst lange Aktivität, aber auch ein möglichst langer Erhalt der körperlichen Gesundheit und Fitness werden zu neuen Normvorstellungen eines ‹erfolgreichen Alterns›. ‹Anti-Aging›-Ansätze – als Bestrebung, das körperliche Altern aufzuhalten oder zumindest zu verzögern – verstärken den Druck, sich möglichst lange ‹jung› zu geben.»[20]

Demgegenüber ist Hochaltrigkeit zwar keineswegs mit Hilfs- und Pflegebedürftigkeit gleichzusetzen. Es lässt sich aber nicht bestreiten, dass mit zunehmendem Alter – auch bei guten gesundheitlichen Voraussetzungen – die Fragilisierung und das Risiko ansteigen, durch funktionale und kognitive Einbussen hilfe- und pflegebedürftig zu werden.[21] Dabei ist nicht

---

20 Höpflinger, Demografisch-gesellschaftliche Wandlungen, 175. Jörg Dierkens Feststellung ist nicht ganz von der Hand zu weisen, dass die Idee eines ‹gelingenden› oder ‹erfolgreichen› Alterns «in einer wesentlichen Hinsicht auf Verhinderung von Altern hinauszulaufen (scheint). Zentrale Merkmale [des Alterns, H. R.] sollen gerade nicht oder möglichst spät in Erscheinung treten» (Gelingendes Leben, 35). Das hat Max Frisch schon vor Jahrzehnten festgestellt: «Wird heute ein alter Mensch gepriesen, so immer durch Attest, dass er verhältnismässig noch jung sei, geradezu noch jugendlich … Unser Respekt gilt in Wahrheit nie dem Alter, sondern ausdrücklich dem Gegenteil: dass jemand trotz seiner Jahre noch nicht senil sei» (Die Tagebücher, 511). Auch Ulrich H. J. Körtner gibt zu bedenken: «Positiv wird lediglich bewertet, dass man auch in einem Alter jenseits von 65 Jahren ‹jung bleiben› kann. Wirklich ‹alt› sein wird jedoch in der Regel nach wie vor nicht positiv erlebt. Die Vorurteile des ‹Ageism›, d. h. der Diskriminierung alter Menschen, richten sich nun gegen die Hochbetagten, deren Bild mit Gebrechlichkeit gleichgesetzt wird» (Leib und Leben, 159). Zu Herleitung und Kritik des Konzeptes eines ‹erfolgreichen Alterns› vgl. Schroeter, «Altersaktivierung», 254–260.

21 In der Schweiz ging die Ausdehnung der Lebenserwartung mit einem Zuwachs der behinderungsfreien Lebenserwartung einher, was der These einer Kompression schwerer Krankheiten auf eine kurze Phase am Ende

zu übersehen, dass die Ausdehnung der Lebensphase des Alters in den vergangenen hundert Jahren wesentlich eine Verlängerung gesunder Lebensjahre mit sich brachte und die Jahre der altersassoziierten Fragilität und (Multi-)Morbidität, die für die Charakterisierung des vierten Lebensalters bestimmend wurden, oft auf relativ wenige Jahre vor dem Lebensende begrenzt sind. Dieses Phänomen wird mit dem von James F. FRIES 1980 eingeführten Konzept der Morbiditätskompression gefasst.[22] Ihm zufolge kann das gesundheitlich beschwerlich ausfallende Alter heute zunehmend auf ein begrenzte Zeit am Lebensende komprimiert, aber nicht überwunden werden.[23] Und davor haben Menschen nun einmal Angst. «Während das dritte Lebensalter dank steigender Zahl aktiver und gesunder Altersrentner und Altersrentnerinnen eine positive gesellschaftliche Aufwertung erfuhr, konzentrieren sich die traditionellen negativen Bilder zum Alter immer stärker auf das hohe Lebensalter, in dem sich aufgrund altersbezogener Einschränkungen tatsächlich deutliche Begrenzungen individueller Gestaltungsspielräume ergeben.»[24]

Entsprechend lässt sich eine doppelte Wertung des Alters feststellen: Einerseits eine zweifellos stattfindende symbolische

---

des Lebens entspricht. Dennoch ist aufgrund der demografischen Alterung von einem beträchtlichen Anstieg der Zahl pflegebedürftiger alter Menschen auszugehen (HÖPFLINGER, Wohnen, 37–41).

22 Vgl. dazu KRUSE, Das letzte Lebensjahr, 47–49.

23 Paul B. BALTES betont, «dass der Lebensweg im hohen Alter zunehmend zum Leidensweg gerät, da die Grenzen der menschlichen Anpassungsfähigkeit erreicht und oft auch überschritten werden. Dass die körperliche und geistige Leistungsfähigkeit älterer Menschen in neuerer Zeit erheblich verbessert wurde, kann diese negativen Folgen des hohen Alters allenfalls mildern, doch nicht ausgleichen» (Das hohe Alter, 17). – Die im neunten Lebensjahrzehnt stehende Judith Giovannelli-Blocher schreibt: «Wir Hochaltrigen, Fragilen, merken, dass wir auf die Verlustseite des Lebens eingeschwenkt haben» (Geht es noch?, 12).

24 HÖPFLINGER, Das vierte Lebensalter, 53. Das hohe Alter wird heute oft «als defizienter Modus des Seins angesehen» (GROSS, Altersakzeptanz, 22).

Aufwertung des jungen Alters, anderseits eine komplementär dazu erfolgende symbolische Diskreditierung des hohen Alters. «‹Hochaltrigkeit› wird so kulturell als Antimodell bzw. als negative Utopie des Alter(n)s konstruiert.»[25] Als ‹eigentliches›, ‹wirkliches› Alter wird heute die Hochaltrigkeit definiert.[26] Und sie gilt den meisten eher als Last denn als Lust,[27] weshalb ihre Symptome so lange und so weit wie möglich zu bekämpfen und zu vermeiden sind.[28]

---

25 Amrhein, Die soziale Konstruktion, 13; ebenso Graefe/van Dyk/Lessenich, Altsein ist später, 305. Leopold Rosenmayrs optimistische Annahme, es gebe «für das 21. Jahrhundert einen unter evolutionärer Perspektive gesehen grundlegenden Veränderungsprozess zur Neuaufwertung der Altenposition» und «eine wenn auch nur partielle, aber doch deutlich fühlbare Umkehr der über Jahrtausende hinweg eingeschliffenen Abwertung von höherem Alter» sei wahrscheinlich, scheint mir demgegenüber unrealistisch (Die Kräfte des Alters, 83).

26 Amrhein, Die soziale Konstruktion, 10; ebenso Ahrens, Alt ist man erst ab achtzig, 24: «Alt ist man mit achtzig. Hier scheint eine Art Wendepunkt hin zum Altsein zu liegen, auch in der subjektiven Wahrnehmung der älteren Generation.» Vgl. ferner Wegner, Generativität des Alters, 139.

27 Herrad Schenk dürfte Recht haben, wenn sie feststellt, dass «Altern für die meisten ein Angstthema [ist]. Es gibt heute eine individuelle und eine gesellschaftliche Angst vor dem Alter, die sich gegenseitig oft noch verstärken» (Der Altersangst-Komplex, 7).

28 Vgl. Baltes, Das hohe Alter. Baltes schreibt: «Den Januskopf des Älterwerdens offenbart ein Vergleich zwischen dem ‹Dritten› und dem ‹Vierten Alter›. Das Dritte Alter beginnt mit dem 60. Lebensjahr, das Vierte mit dem chronologischen Alter, zu dem die Hälfte der ursprünglichen ‹Geburts-Kohorte› nicht mehr lebt – in den Industrieländern heute mit etwa 80 Jahren. Die guten Nachrichten der Wissenschaft gelten vor allem für das Dritte Alter und dessen Potenzial oder Plastizität. Im Vierten Alter hingegen offenbart sich unbarmherzig die biologische Unfertigkeit des Menschen – und derzeit spricht wenig dafür, dass ein solch hohes Alter gemeinhin zu einem ‹Goldenen Alter› des Lebens werden könnte. So, wie sie sich heute darstellt, wird die Zukunft des Vierten Alters unsere Gesellschaft vor schier unüberwindliche Probleme stellen» (15). Für Baltes gibt es im Blick auf das junge Alter viel Hoffnung, im Blick auf das hohe Alter ist eher «Trauerflor» angesagt (Über die Zukunft des Alterns).

Diese Einstellung liegt der boomenden Anti-Aging-Bewegung zugrunde, die sich insbesondere in der Anti-Aging-Medizin eines grossen Zulaufs erfreut, indem diese den Alternsprozess einseitig somatisiert, pathologisiert und anschliessend zu therapieren verspricht.[29] Das eigentliche Ziel des Anti-Aging – jedenfalls in seiner radikalen Gestalt – ist nach Claudia Bozzaro nicht ein gutes oder gelingendes Altern, sondern in letzter Konsequenz die Abschaffung des Alters und seine Ersetzung durch die Verwirklichung des Traumes ewiger Jugend.[30] Anvi-

---

29 Für den Bereich der deutschsprachigen universitären Schulmedizin vgl. etwa das von Günther Jacobi et al. herausgegebene Lehrbuch: Kursbuch Anti-Aging. Das Defizit an begrifflicher Klarheit über Ziele, Sinn und Unsinn von medizinischem Anti-Aging kommt in diesem Buch dadurch zum Ausdruck, dass es «*Anti-Aging*», «*Good-Aging*» und «*Pro-Aging*» als auswechselbare Begriffe verwendet (VI) und als Ziel von Anti-Aging-Medizin sowohl «Gerontoprävention» (Vermeidung des Alterns) als auch «gesundes Älterwerden» bezeichnen kann (8, 11). Insgesamt ist die ausgeprägte Tendenz unübersehbar, dass primär «die Medizin bestimmt […], was es heisst, alt zu werden und zu sein» (Schweda, Zwischen universalistischem Egalitarismus und gerontologischem Separatismus, 53).

30 Bozzaro, Leiden an der verrinnenden Zeit, 11. So deklariert sich Aubrey de Grey, eine Schlüsselfigur der weltweiten wissenschaftlichen Anti-Aging-Forschung, als «leidenschaftlicher Gegner des Alterns» und erklärt die Zeit gekommen für einen veritablen «Krieg gegen das Altern» (Niemals alt! 7.325). Und die Medizinerin Margaretha Alram vertreibt ihr Handbuch zur Anti-Aging-Medizin unter dem Titel: «Zehn Schritte zur Unsterblichkeit. So verlängern Sie Ihr Leben, ohne zu altern». Vgl. auch den bezeichnenden Titel des Ratgebers von Michael Klentze: «Für immer jung durch Anti-Aging». – Zum Bruch zwischen der extremere Positionen vertretenden American Academy of Anti-Aging Medicine und den gemässigteren Anti-Aging-Medizin-Gesellschaften Deutschlands, der Schweiz und Österreichs, die Anti-Aging im Sinne einer wissenschaftlich fundierten Präventionsmedizin für ein möglichst gesunden Alterns begründen wollen, vgl. Spindler, Altern ja. – Zur kritischen Auseinandersetzung mit dem Ansatz von Anti-Aging generell vgl. auch Rüegger, Alter(n) als Herausforderung, 77–109, und Derra, Das Streben nach Jugendlichkeit, 127–159. Letztere gibt zu bedenken: «Das vorrangige Ziel des Anti-Aging, den Körper bzw. das Alter des Körpers zu ‹maskieren›, also zu leugnen, zu vertuschen (z. B. Altersflecken, graue Haare), zu glätten, zu liften, durchzustylen oder zu er-

siert wird das Ideal eines hohen Alters ohne Altern,[31] basierend auf der Überzeugung, «dass ein gutes Altern nur das sein kann, das die Signaturen des Altseins, nämlich das Nachlassen, nicht zulässt. […] Das Alter […] soll nicht bewältigt oder gemeistert oder gefüllt, sondern vermieden werden.»[32]

Dass auf dem Hintergrund einer solchen gesellschaftlich verbreiteten Einstellung, die Andreas Kruse als «tief greifende Reserviertheit gegenüber dem Alter» bezeichnet,[33] Hochaltrigkeit ambivalent erlebt und tendenziell eher ersorgt als ersehnt wird, liegt auf der Hand.[34] Wo Menschen den Anforderungen von Selbständigkeit, Aktivität und Gesundheit nicht mehr zu genügen vermögen, wo sie mit Grenzen und Defiziten leben müssen und zunehmend auf die Hilfe anderer angewiesen sind, führt dies leicht zu einer Minderung ihrer sozialen Akzeptanz, zu einer Abwertung, ja Diskriminierung der späten Altersphase;[35] wobei dieses Akzeptanzproblem nicht nur auf

---

gänzen (z. B. Zähne, Haare) und vor allem jung und damit weiterhin schön auszusehen, muss kritisch betrachtet werden. So lange dem faltenlosen Gesicht kontinuierlich mehr Wert beigemessen wird als dem erworbenen Wissen, der Erfahrung und dem Alter mit seinen spezifischen Merkmalen, wird das negative Altersstereotyp genährt bzw. verstärkt» (158).

31 Bozzaro, Leiden an der verrinnenden Zeit, 161; de Lange, Loving Later Life, 4.

32 Maio, Vom Sinn des Alters, 11.

33 Kruse, Umgang mit Potentialen, 56. Frits de Lange gibt zu bedenken: «There seems to be a built-in aversion toward aging in our natural makeup.» Und er präzisiert: «Evolution gave us a spontaneous care instinct for the bodily needs of vulnerable babies, but it left us without such an instinct toward vulnerable old people. On the contrary, the idea of old age as horrific, disgusting, and tainted by mortality has a long history in Western classical traditions as well as in Eastern cultures» (Loving Later Life, IX, 62).

34 Nach Friedrich Wilhelm Graf haben viele ältere Menschen «ein negatives Fremdbild in ihr Selbstbild überführt und darin affirmiert: Wer als alter Problemmensch gesehen wird, sieht sich bald selbst als Problem» (Einleitung, 12).

35 Judith Giovannelli-Blocher, die in der Schweiz bekannte Dozentin für Soziale Arbeit und Buchautorin, schreibt im Alter von 81 Jahren: «Jetzt

Seiten des noch jüngeren gesellschaftlichen Umfeldes besteht, sondern auch für die Hochaltrigen selbst, denen es oft schwer fällt, ihre altersbedingte Lage zu akzeptieren.[36] Deutlich wird dies etwa bei der Schriftstellerin Laure Wyss, die im Alter von 87 Jahren schrieb: «Es ist ja kein Schleck, heute zum Kontingent jener zu gehören, die immer zahlreicher und immer dringlicher zur Belastung der aktiven Bevölkerung werden. Wir Alten sind eine Last, eine Bedrohung. Das ganze Land, der Ort, wo wir wohnen, viele in unserer Umgebung suchen nach Lösungen, wie man mit uns fertig wird, wo uns unterbringen, pflegen, ernähren, wie uns ertragen punkto Kosten und auch psychisch. Es ist sicher für niemanden erheiternd, sich mit uns zu beschäftigen, mit uns, die wir nichts mehr einbringen und ganz ohne Zukunft sind. Für uns aber auch kein Schleck, in diese Bevölkerungsschicht hineingestossen zu werden; und selber zu realisieren, dass es so ist. Und wir, die Alten, haben selber kaum gute Einfälle, wie die Gesellschaft mit dieser Last umgehen könnte und sollte.»[37]

1.3 Hochaltrigkeit unter der Last der «Sinnfinsternis»?

Mit Blick auf diesen gesellschaftlichen Hintergrund hat der Soziologe Peter Gross in einem eindringlichen Buch über das Alter die Frage nach dem Sinn des Älterwerdens, insbesonde-

---

sieht man mir das Alter an. Ich werde auf der Strasse, in Zügen, während Veranstaltungen voll ignoriert» (Geht es noch?, 11).

36 Fürstenberg, Hochaltrigkeit, 17.19. Die Ambivalenz gegenüber dem eigenen Alter zeigt sich auch darin, dass ältere Menschen ihr subjektiv empfundenes Alter umso deutlicher unter ihrem faktischen, chronologischen Alter einstufen, je älter sie werden, wobei dies bei Frauen ausgeprägter der Fall ist als bei Männern (Schmitt, Altersbildforschung, 239). Die geringe Akzeptanz der Lebensphase des hohen Alters steht in eigenartiger Spannung zur Tatsache, dass ausgerechnet die Bevölkerungsgruppe der Hochaltrigen demografisch am stärksten wächst.

37 Wyss, Schuhwerk im Kopf, 11f.

re des von Defiziten und vom Schwinden der Kräfte gezeichneten hohen Alters aufgeworfen. Seiner Meinung nach ist die Frage nach dem Sinn dieser sich immer mehr ausdehnenden Lebensphase absolut dringlich. «Diese Frage ist die Kernfrage», ist er überzeugt. «Der Sinnbedarf schwillt gewissermassen proportional zur Alterung an. Man läuft der Sinnfrage im Ruhestand schnurstracks in die Arme. Denn die zentralen Sinnsäulen des vorherigen Erwerbs- und Familienlebens brechen weg.»[38]

Dabei geht es nicht um irgendeine abstrakt-allgemeine Sinndeutung, sondern ganz konkret um die Frage, was denn der Sinn eines Lebens unter den real erfahrbaren Schwächen und Defiziten des fortgeschrittenen Alters sein kann. Zugespitzt formuliert geht es um die Frage nach einer «Sinngebung der Schwäche». Denn es sind gerade die Defizite im Alter, das Schwinden der Kräfte, der Verlust an sozialen Kompetenzen und die Erfahrungen des Vergehens, die nach Gross die Sinnfrage aufwerfen. «Das ist die drängende und zentrale Frage. Man kann sich ihr nicht entziehen, wenn man älter wird.»[39]

Diese Frage ist nach Gross umso drängender, als sie – so sein Eindruck – heute weitgehend unbeantwortet bleibt: sowohl von Seiten der Hochaltrigen, die mitunter resigniert danach fragen, was denn ihr Leben noch für einen Sinn habe, als auch von Seiten der Gesellschaft, die die Hochaltrigen häufig primär als ökonomische und pflegerische Belastung wahrnimmt. Gross konstatiert «eine Sinnfinsternis, in der das Alter sich seines Daseins schämt. In der sich die Alten selber unter der Last der auf sie getürmten Jahre ducken und sich schuldig fühlen, überhaupt noch zu leben. Nicht das Altern und auch nicht der sich vergrössernde Anteil von alten Menschen in modernen Gesellschaften sind das Problem, sondern ihre an

---

38 Gross, Wir werden älter, 76. Auch Ann Elisabeth Auhagen ist überzeugt: «Increasing longevity will confront geronto-psychology with important new questions and tasks concerning meaning of life» (On the psychology of meaning of life, 45).

39 Gross, Wir werden älter, 10.12.

den gesellschaftlichen Werten gemessen offenbare Sinn- und Funktionslosigkeit und die damit einhergehende Nutzlosigkeit dieser Fristerstreckung. [...] Die gewonnene Zeit erscheint überflüssig, sie ist keine freudig in Empfang genommene Zuwendung, sondern eine Demütigung.»[40]

Die Frage nach dem Sinn von Langlebigkeit und Hochaltrigkeit so pointiert und unüberhörbar gestellt zu haben, muss GROSS als Verdienst angerechnet werden. Wer sich ernsthaft sozial, politisch oder gerontologisch mit Altersfragen beschäftigt, schon gar wer in der seelsorglichen Begleitung hochaltriger Menschen tätig ist, weiss um die Aktualität und Brisanz dieser Fragestellung. Und er weiss auch, dass GROSS Recht hat mit seinem Hinweis, der Versuch, den nicht zu umgehenden Defiziterfahrungen von Hochaltrigkeit einen Sinn abzutrotzen, sei alles andere als einfach.[41]

Was GROSS als Soziologe fordert, eine Sinngebung der Schwäche im hohen Alter, postuliert seit vielen Jahren von philosophischer Seite Thomas RENTSCH. Er plädiert immer wieder dafür, die im höheren Alter sich einstellenden Erfahrungen von Grenzen, von Negativität und von Endlichkeit nicht als Widerspruch, sondern als konstitutiv für den Lebenssinn wahrzunehmen und ein «Bewusstsein des humanen Sinns der Endlichkeit, Begrenztheit und Verletzlichkeit des Menschen» zu entwickeln, wie sie im hohen Alter besonders aufdringlich erfahren werden.[42]

---

40 A. a. O., 23. Auch Eckart REINMUTH weist auf die steigende Sinnlosigkeitserfahrung alter Menschen hin und sieht darin eine der Ursachen für die Entwicklung von Alterssuizidalität (Kulturelle Konstruktion des Alters, 152f.), ebenso SPERLING, Todeswünsche ernst nehmen, 23, und HEITGER, Lebenssinn als Suizidprophylaxe?, 91.

41 GROSS, Wir werden älter, 10. Diese Einsicht hat Paul B. BALTES in den Satz gefasst: «Sehr alt zu werden ist kein Zuckerschlecken» (SCHÄFER, Zuckerschlecken).

42 So zum Beispiel in seinem Beitrag: RENTSCH, Altern und Lebenssinn, 30.32. Vgl. ferner seine Aufsätze: RENTSCH, Altern als Werden zu sich selbst, und: RENTSCH, Ethik des Alterns.

Angesichts solcher Postulate ist allerdings auch die kritische Rückfrage angebracht, ob denn Leben im hohen Alter wirklich immer von einer expliziten Sinndeutung begleitet sein müsse. Der Pfarrer und Schriftsteller Kurt Marti bekennt: «Ich habe das Gefühl, ich wäre doch überfällig, überzählig mit mehr als 92 Jahren. Es wäre längst Zeit, dass ich hätte sterben dürfen. So habe auch ich das Gefühl, dass der liebe Gott mich vergessen hat. Das Leben wird ein Leerlauf. Ich spüre das sehr stark. Ja, was soll ich eigentlich noch? Deshalb hoffe ich jeden Abend beim Einschlafen – es ist mein Nachtgebet –, ich würde am nächsten Morgen nicht mehr erwachen.»[43] Ist es sinnvoll und hilfreich, nach der Sinngebung eines nach subjektivem Empfinden des betroffenen Menschen zum Leerlauf gewordenen Lebens zu fragen? Damit stellt sich die grundsätzliche Frage, was es denn überhaupt bedeutet, nach Sinn zu fragen.

---

43 Marti, Gott ist nicht in den Starken mächtig, 101.

2. Was heisst: nach Sinn fragen?

2.1 Der Mensch als sinnbedürftiges Wesen

Nach dem Sinn des Lebens zu fragen, ist für Menschen offenbar grundlegend. Menschen stellen Sinn her in jedem Moment ihres Lebens, konstatiert Kristin MERLE – bewusst oder unbewusst. Sie sind immer schon Wesen aus Sinn, stellen tagtäglich Sinn her.[1] Der Mensch scheint dasjenige unter allen Lebewesen zu sein, das Sinn braucht, um leben zu können,[2] um das Leben als lebenswert zu bejahen.[3] Dies hängt mit der Freiheit des Menschen und seiner Selbstreflexivität zusammen, die ein hohes Orientierungsbedürfnis mit sich bringen;[4] denn Men-

---

1 MERLE, Sinnwelten, 454. Für Anemone EGLIN gehört die Sinnfrage zu den existenziellen oder spirituellen Grundfragen jedes Menschen nach dem Woher, nach dem Wohin und nach dem Wozu (Ich schenke dir einen Sonnenuntergang, 61f.).

2 So aus philosophischer Sicht Wilhelm SCHMID, Dem Leben Sinn geben, 10. Ähnlich versteht Helmut GOLLWITZER aus theologischer Perspektive den Menschen als «das nach Sinn fragende Lebewesen» (Krummes Holz, 48). Und Ann Elisabeth AUHAGEN hält in einem Überblick über psychologische Lebenssinn-Konzepte fest: «meaning of life could be described as a type of necessity» (On the psychology of meaning of life, 37). Renate RUHLAND hebt dabei die besondere Bedeutung des ‹Faktors Sinn› für den Erhalt und die Förderung physischer und psychischer Gesundheit hervor (Sinnsuche und Sinnfindung, 155).

3 Nach GOLLWITZER ist Sinn zu verstehen als «*bejahbarer* Sinn, durch den der Mensch zum Ja zu seinem Leben und zu seinem Schicksal gelangt» (Krummes Holz, 60). Und Verena BEGEMANN formuliert: «Das Bejahenswerte ist zugleich das Sinnvolle» (in: BEGEMANN/BERTHOLD/HILLMANN, Sterben und Gelassenheit, 52).

4 GREISCH, Art. «Sinn», 619. Freya DITTMANN-KOHLI hält fest: «Das Sinnsystem mit seinen Konstrukten über das Selbst und die persönliche Welt dient dazu, unser Erleben dem Chaos zu entreissen, eine halbwegs verstehbare Welt- und Selbstsicht zu schaffen und geordnetes Handeln zu ermöglichen» (Sinngebung im Alter, 147). Ähnlich versteht Renate RUHLAND Sinngebung als ein Geschehen, das dem menschlichen Leben Richtung verleiht (Sinnsuche und Sinnfindung, 15).

schen streben nach Lebenserfüllung[5] im Bewusstsein, dass solche Erfüllung nicht selbstverständlich, sondern riskant ist und durchaus misslingen kann.[6] Für Viktor E. Frankl ist das Sinnbedürfnis (der «Wille zum Sinn») das menschlichste aller menschlichen Bedürfnisse.[7]

Damit ist allerdings nicht gesagt, dass Menschen diesem Bedürfnis jederzeit auch in Form bewussten Fragens nach einem Lebenssinn Ausdruck geben. Dem ist durchaus nicht so. Abgesehen davon, dass die explizite philosophisch-theologische Frage nach einem übergreifenden Sinn des Lebensganzen erst im 19. Jahrhundert aufbrach[8] und dann immer breiter diskutiert wurde,[9] treibt die Frage nach dem Wofür und Wozu des Lebens, nach dem, was das Leben wertvoll und bejahenswert macht, die Menschen meist eher hintergründig um. Sie wird meist nicht explizit, sondern äussert sich vielmehr als eine Art präreflexive Erfahrung.[10] Mit dem Wahrnehmen von Sinn ist es ähnlich wie mit der Erfahrung von Gesundheit. Nach Hans-Georg Gadamer ist uns diese, wenn wir gesund sind, in der Regel verborgen, d. h. so selbstverständlich, dass wir uns ihrer nicht

5 Thomas Rentsch sieht in der Ausrichtung auf Sinn und Erfüllung einen Grundzug menschlichen Lebens (Altern und Lebenssinn, 27), versteht mithin die Sinnorientierung als konstitutiv für menschliche Wesen – und dies gerade auf dem Hintergrund ihrer spezifischen Fragilität und Verletzlichkeit (Altern als Werden zu sich selbst, 198).

6 Karl Rahner beurteilt das Altwerden als «eine wirklich ernste Sache: Gnade, Aufgabe und Gefahr radikalen Scheiterns» (Vom Alter, 73).

7 Der Mensch auf der Suche, 267f. Dem entspricht die Sicht des amerikanischen Gerontologen Harry R. Moody: «Transcendence and the search for meaning are what make us human» (Aging, 109). «Die Sinnfrage kann daher als praktische Leitfrage des Menschen begriffen werden, die alle Fragen des Menschen nach sich selbst quasi bündelt. Sie ist nicht eine Frage unter anderen, sondern die in allen Fragen des Menschen nach Wert und Bedeutung seiner Existenz durchscheinende Frage, quasi die inklusive Frage schlechthin» (Lutz, Die Sinnfrage, 135).

8 Wessels, Der Sinn des Lebens, 252.

9 Sauter, Das verborgene Leben, 108.

10 Bär, Sinn erleben, 42.

bewusst werden; erst angesichts von Krankheit wird uns – gleichsam im Modus der Defizienz – bewusst, was die Bedeutung von Gesundheit ist.[11] Analog machen sich Menschen im alltäglich gelingenden Lebensvollzug meist kaum Gedanken über den Sinn ihres Lebens; sie erfahren so etwas wie Sinn eher implizit.[12]

Explizit stellt sich die Sinnfrage vor allem im Umgang mit Belastungen und Lebenskrisen oder angesichts von Erfahrungen der Endlichkeit.[13] Sie stellt sich dann, wenn wir, wie Helmut GOLLWITZER formuliert, «aus der bisherigen Geborgenheit selbstverständlicher Sinngewährung herausgefallen sind».[14] Es ist deshalb nicht verwunderlich, dass das hohe Alter angesichts dessen, dass die eigene Lebensgeschichte nicht mehr grundlegend korrigiert werden kann und das Lebensende näher rückt, aber auch angesichts der oft mit Hochaltrigkeit verbundenen Einschränkungen und Belastungen die Frage nach Sinn in be-

---

11 GADAMER, Verborgenheit, 133–148.

12 BÄR, Sinn erleben, 97f. Mit dem Sinn ist es ähnlich wie mit dem Glück: Dieses «stellt sich beiläufig ein, wenn wir unserer üblichen Lebenspraxis Genüge tun» (RENTSCH, Altern und Lebenssinn, 190). Vgl. auch den Hinweis von Birgit und Andreas HELLER, dass die europäischen Wertestudien seit 1990 ergeben, dass z. B. in Österreich nur rund 20 % der Befragten sich oft Gedanken über den Sinn des Lebens machen, während mindestens ebenso viele angeben, selten oder nie über diese Frage nachzudenken (Spiritualität und Spiritual Care, 141).

13 BROMKAMP, Wenn Pastoral Alter lernt, 91. Für Gerhard SAUTER ist «die Frage nach Sinn die Warum-Frage schlechthin. Sie stellt sich, wenn etwas als unbegreiflich und abgründig erscheint» (Was heisst: nach Sinn fragen?, 27). Darauf weist auch Eberhard TIEFENSEE hin, weswegen explizite Sinnfragen «nicht zum Alltagsrepertoire gehören» (Sinn ohne Gott?, 44).

14 GOLLWITZER, Krummes Holz, 71. Das unterstreicht auch Kristin MERLE: «Menschen suchen nach Sinn. Nicht immer und alltäglich explizit, oft in Krisensituationen. Die Frage nach dem Sinn wird vielfach erst explizit thematisch, wenn Sinn fraglich geworden ist» (Sinnwelten, 452). Oder mit Ann Elisabeth AUHAGEN formuliert: «Whenever we are in particular need of meaning in our lives, it appears to bee specially absent. This applies to times of crisis» (On the psychology of meaning of life, 42).

sonderer Weise evoziert:[15] Was soll ich eigentlich noch? Was macht es für einen Sinn, noch weiter zu leben, wenn mir das Leben zum «Leerlauf» und zur Mühsal geworden ist und ich von der Zukunft nichts mehr zu erwarten habe, was mir erstrebenswert erscheint? Bin ich nicht längst «überfällig» (Kurt MARTI)? Wer braucht mich denn noch? Falle ich anderen nicht nur zur Last? Und was für einen Sinn soll es haben, mit zunehmendem Alter ein steigendes Risiko chronischer Krankheiten und demenzieller Veränderungen auf mich zu nehmen? Zugespitzt formuliert: Wäre es nicht am sinnvollsten, das eigene Leben möglichst bald und möglichst schmerzlos zu beenden?[16] Es ist nicht zu leugnen, dass die Sinnhaftigkeit des Lebens unter den spezifischen Belastungen des hohen Alters leicht brüchig werden kann.[17]

Auch eine Vielfalt medizinischer Situationen im hohen Alter, insbesondere die damit aufgeworfenen ethischen Herausforderungen im Blick auf den wünschbaren oder abzulehnenden Einsatz lebensverlängernder therapeutischer Massnahmen stellen implizit oder explizit die Frage nach dem Sinn eines (Weiter-)Lebens im hohen Alter. Solche Sinnfragen drängen sich vielen alten Menschen auf; sie stellen sich mit einer Dringlichkeit, der nicht ausgewichen werden kann. Und ihre

---

15 Lars CHARBONNIER geht davon aus, dass «das Alter aus sich heraus in Fragen nach dem Sinn [führt]. Es gibt keine Alterstheorie, die nicht auf die Sinnfrage zu sprechen kommt» (Religion als Ressource, 52). Marion BÄR relativiert diese Sicht allerdings dahingehend, dass «die empirische Befundlage zum Thema Sinn und Alter […] nicht konsistent [ist]. Die Befunde weisen zum Teil in die Richtung eines im höheren Alter im Vergleich zu jüngeren Lebensphasen stabilen oder sogar ausgeprägteren Sinnerlebens, teilweise werden aber auch Ergebnisse berichtet, dass einzelne Bereiche von Sinn jenseits des mittleren Erwachsenenalters in ihrer Ausprägung absinken» (Sinn erleben, 159).

16 Renate RUHLAND sieht in der Frustration der Sinnbedürfnisse, in Sinnleere und Sinnverlust in zunehmendem Masse ein zentrales Problem für heutige alternde Menschen (Sinnsuche und Sinnfindung, 1).

17 SCHNEIDER-HARPPRECHT, Seelsorge, 200.

Klärung ist zentral, weil ohne Rückgriff auf Sinnressourcen das Leben seine Bedeutung und Orientierung verliert, zum Leerlauf wird und die Lebensenergien versiegen.[18]

2.2 Aspekte von Sinnerfahrung

Lebenssinn[19] kann in Anlehnung an Überlegungen von Gary T. Reker, Edward J. Peacock und Paul T. P. Wong[20] als ein individuell bestimmtes und kulturell fundiertes Orientierungssystem verstanden werden, das (kognitiv) einen kohärenten, an Werten und Zielen ausgerichteten Lebenszusammenhang erschliesst, das (motivational) bestimmt, welche Aktivitäten und Zwecke im Leben erstrebenswert oder welche Aufgaben einem verpflichtend gestellt sind,[21] und das (affektiv) ein Gefühl der Erfüllung und Befriedigung vermittelt.[22] Kommen alle drei Ebenen – also die kognitive, die motivationale und die affektive – zum Tragen, wird Lebenssinn als so etwas wie Stimmigkeit, Bedeutsamkeit und subjektive Angemessenheit der eigenen Existenz in einer spezifischen Situation erfahren.[23]

---

18 Schmid, Dem Leben Sinn geben, 385.

19 Zur Differenzierung der Begriffe Lebenszufriedenheit, subjektives Wohlbefinden, Lebensqualität, Glück und Lebenssinn vgl. Mahs, Glückliches Alter(n), 26–71.

20 Reker/Peacock/Wong, Meaning and Purpose.

21 Nach Georg Pfleiderer lässt sich Sinnerfahrung «als Ziel und zugleich entscheidender Antrieb ethischen, verantwortlichen Handelns verstehen» (Leben nach dem Leben?, 299).

22 Renate Ruhlands Umschreibung lässt sich damit verbinden. Sie hält fest: «Sinn steht in enger Beziehung mit der Erfüllung von Aufgaben, der Verfolgung von Zielen und dem Gefühl sozialer Nützlichkeit» (Sinnsuche und Sinnfindung, 7).

23 So die Bestimmung von Lebenssinn bei Hans Thomae, Sinnerfahrung, 178f.181. Nach Manfred Hillmann «wirken Sinnerfahrungen in tieferen Schichten der Persönlichkeit in Form eines Stimmigkeitsgefühls» (in: Begemann/Berthold/Hillmann, Sterben und Gelassenheit, 51). Oder mit Odo Marquard gesprochen: «Sinn hat, was sich […] lohnt, was wichtig ist,

Dabei erweist sich Lebenssinn als etwas, das Lebensenergien fliessen und Leben bejahenswert erscheinen lässt.[24] Sinnfindung lässt sich als ein kontinuierlicher Prozess verstehen, in dessen Verlauf sich bestehende Sinnkonstrukte immer wieder transformieren und neuen Erfahrungen und Einsichten anpassen,[25] wobei Sinnerfahrungen in der Regel durchaus etwas Unbestimmtes anhaftet.[26]

Im Blick auf die zeitliche Orientierung kann Sinnerfahrung drei unterschiedliche Ausrichtungen aufweisen:

- Sie kann *retrospektiv* fokussiert sein: Dann geht es darum, die eigene Biografie so verstehen und interpretieren zu können, dass ich meine Existenz als so und nicht anders geworden, als – mit allen Schatten und allem Licht – unlösbar mit meiner Identität verbunden wahrnehmen und annehmen kann.

- Sie kann eher *aktuell* ausgerichtet sein: Dann bezieht sich Sinn auf gegenwärtige Erfahrungen des Glücks und der Befriedigung von Lebensbedürfnissen, die einen das Leben hier und jetzt als lebenswert bejahen lassen.

---

erfüllt, zufrieden, glücklich macht und nicht verzweifeln lässt» (Zur Diätetik der Sinnerfahrung, 36).

24 Frits de LANGE drückt es so aus: «‹Meaning› signifies that the world and I somehow fit together: there is an ontological congruity between us. It invites me to say ‹yes› to life, to trust it, and to surrender myself day by day to its flow» (Loving Later Life, 13).

25 A. a. O., 12. Nach Marion BÄR ist es «das Los menschlicher Existenz, dass der einmal gefundene Sinn nicht festgehalten werden kann» (Sinn erleben, 169). Irvin D. YALOM weist darauf hin, dass Lebenssinn «im Rahmen einer Entwicklungsperspektive betrachtet werden [muss]: Die Arten des Lebenssinns wandeln sich während des Lebens eines Menschen» (Existenzielle Psychotherapie, 532).

26 Nach Giovanni MAIO «kann und darf [Sinn] durchaus unbestimmt, ja diffus bleiben. Er lässt Raum für das Ungreifbare, für das Unbestimmbare, für das Geheimnis» des Lebens (Wenn das Annehmen wichtiger wird, 58).

– Sie kann *prospektiv* orientiert sein: Dann kommen Pläne, Ziele oder Aufgaben in den Blick, die man in der Zukunft noch verwirklichen oder erreichen möchte, so dass das Weiterleben als erstrebenswert erscheint.

Dabei unterscheidet sich die Art, wie Sinn in diesen drei zeitlichen Perspektiven wahrgenommen wird, in zweierlei Hinsicht:[27] Wird über den Sinn *des* Lebens reflektiert, geht es in abstrakter, philosophischer oder theologischer Hinsicht um übergreifende Sinnzusammenhänge des Lebens generell oder um so etwas wie den *retrospektiv* zu bestimmenden roten Sinnfaden eines bestimmten individuellen Lebens im Besonderen.[28] Wird nach Sinn *im* Leben gefragt, geht es meist um konkrete, alltägliche, situative Erfahrungen von Sinnhaftigkeit, von Erfüllung und Glück,[29] die sich *aktuell* im Lebensvollzug einstellen. Beide Ebenen hängen natürlich zusammen, sind aber zu unterscheiden. Erfahrungen von Sinnhaftigkeit im Lebensalltag setzen nicht notwendig voraus, dass sie als Konkretisierungen einer Vorstellung von umfassendem Lebenssinn transparent werden.[30] *Prospektive* Sinnorientierungen sind wohl eher der Kategorie von Erfahrungen von Sinn *im* Leben zuzuordnen, wenngleich sie ihre Bedeutung durchaus – und gerade im hohen Alter, wenn Menschen auf einen bereits langen Lebensweg

---

27 Fegg, Unterstützung, 140.

28 Nach Renate Ruhland ist für die Sinnfrage im Alter besonders charakteristisch das Bedürfnis, im biografischen Rückblick das eigene Leben in eine sinnvolle Ordnung zu bringen und die verstärkt auftretenden kritischen Lebensereignisse und Grenzsituationen zu bewältigen (Sinnsuche und Sinnfindung, 10).

29 Nach Helmut Gollwitzer ist «Glück nichts als ein anderes Wort für Sinn» (Krummes Holz, 69). Auch für Odo Marquard ist Sinn ein Deckname für Glück (Zur Diätetik der Sinnerwartung, 42).

30 Darauf weist etwa Irvin D. Yalom hin: «Man kann ein persönliches Gefühl für Sinn haben, ohne ein kosmisches System von Sinn» (Existenzielle Psychotherapie, 489).

zurückschauen – auch als künftige Konkretisierungen eines übergreifenden Sinns *des* Lebens als Ganzem gewinnen können.

2.3 Sinnfindung zwischen Sinnvorgabe und Sinngenerierung

Sinnfindung heisst, so haben wir gesehen, das eigene Leben in einen Zusammenhang von als stimmig und bedeutsam empfundenen Erfahrungen, Werten, Zielen und Aufgaben eingebunden zu erkennen, die es lebens- und bejahenswert erscheinen lassen.

Anders als in früheren Jahrhunderten, in denen Sinnkonstrukte gesellschaftlich und kirchlich vorgegeben waren und kollektiv geteilt wurden, gibt es heute in westlichen, pluralistischen Gesellschaften kaum noch so etwas wie verbindliche Sinnvorgaben; jedes Individuum kann nicht nur, sondern muss für sein Leben selbst eine Antwort auf die Sinnfrage geben.[31] Für Viktor E. Frankl ist Sinn grundsätzlich gebunden an eine konkrete Person in einer je spezifischen Situation und «wechselt von Mensch zu Mensch und von Augenblick zu Augenblick. Nie kann also der Sinn menschlichen Lebens allgemein angegeben werden.»[32] Insofern ist Sinn primär einmal eine subjektive Kategorie[33] und Sinnfindung eine Aufgabe und Leistung des Individuums. Das heisst nicht, dass jedes subjektive Urteil eines Individuums über Sinn oder Sinnlosigkeit seines Lebens als unhinterfragbare, letztgültige Wahrheit zu gelten hat. Es kann

---

31 Bromkamp, Wenn Pastoral Alter lernt, 48. Ursula M. Staudinger und Freya Dittmann-Kohli sprechen in diesem Zusammenhang von einer für westliche Gesellschaften typischen «Sinngebungs-Autonomie» (Lebenserfahrung und Lebenssinn, 415).

32 Frankl, Ja zum Leben sagen, 125.

33 Dem stimmt aus theologischer Perspektive auch Helmut Gollwitzer zu: «Wo es um die Sinnfrage geht, ist die Subjektivität die Wahrheit» (Krummes Holz, 187).

durchaus sein, dass Aussenstehende einem Menschen, der an seinem subjektiv als sinnlos empfundenen Leben verzweifelt, Perspektiven aufzeigen können, die ihm selbst verschlossen waren und die ihn wieder hoffen und Sinn finden lassen. Dennoch bleibt die Sinnfrage letztlich nur aus der Binnenperspektive eines Individuums beantwortbar.

Gleichzeitig manifestiert sich Sinn aber auch im Einbezogensein in einen grösseren Zusammenhang, in der Erfahrung des Bedeutsamseins in sozialen Beziehungen.[34] Insofern sind kollektive, in einer Gesellschaft vorherrschende normative Bilder etwa eines guten, «erfolgreichen» Alterns (*successful aging*) mit ihren von aussen auf das Individuum einwirkenden Sinnzuschreibungen oder Sinnaberkennungen bedeutsam und wirksam. Sinnfindung, auch wenn sie als persönliche Leistung des Individuums verstanden wird, geschieht immer in einem gesellschaftlich-kulturellen Kontext mit seinen ihm eigenen expliziten und impliziten Wertvorstellungen zum Beispiel im Blick auf Sinnhaftigkeit oder Sinnlosigkeit eines Lebens im hohen Alter.[35]

Wie aber lässt sich Sinn finden? Ist Sinn der Wirklichkeit gleichsam innewohnend und damit dem Individuum vorgegeben, von ihm bloss zu entdecken? Oder ist er ein Konstrukt des Individuums, das dieses als eigene Leistung generiert und als subjektive Interpretation an die Wirklichkeit heranträgt, ihr «einstiftet»? Anders gefragt: Sind Individuen ihre eigenen Sinnstifter oder sind sie primär Empfänger von Sinn, der ihnen vorgegeben, zugesprochen wird?[36] Müssen Menschen den

---

34 Nach Helmut Gollwitzer bedeutet Sinn «ein Wertvollsein meiner Existenz in Beziehung auf andere, dessen ich mich freue, in dem mir selbst meine Existenz eben dadurch wertvoll wird, dass sie in dieser Beziehung anderen wertvoll wird» (Krummes Holz, 62).

35 Nach Marion Bär stehen «individueller und kollektiver Sinn in einer dynamischen Interaktion» (Sinn erleben, 23). «Intersubjektiver Sinn ist […] der Kontext subjektiven Sinns» (Merle, Sinnwelten, 452).

36 Jean-Pierre Wils spricht unter Rückbezug auf Niklas Luhmann von

Sinn ihrer Existenz selber begründen (im wörtlichen Sinn) und rechtfertigen, oder verhalten sie sich ihm gegenüber primär rezeptiv, so wie man das Leben generell, die biologische Konstitution oder eine kulturelle Tradition grundsätzlich einfach empfängt? Diese Frage ist insbesondere in theologischer Perspektive bedeutsam, da in ihr das Leben und die Welt theonom verstanden werden, als eine Wirklichkeit, die von Gott geschaffen, auf ihn bezogen ist, sich unter seinem Segen entfaltet und unter dem Zuspruch und Anspruch seines Willens ihre Erfüllung findet.

Aus theologischer Sicht wird Sinn denn auch in der Regel als etwas Vorgegebenes verstanden, das es zu entdecken, nicht als subjektive Leistung, die es zu generieren gilt. Für Helmut Gollwitzer besteht eine klare Alternative von «Sinnfindung» und «Sinngebung», die in Analogie zur Unterscheidung von Gnade und Leistung, Evangelium und Gesetz verstanden wird.[37] Damit soll ein klarer Vorrang von Sinnempfang gegenüber jeder Art von Sinnleistung postuliert werden.[38] Sinn kommt so theologisch in den Blick als etwas, mit dem der Mensch von Gott beschenkt wird, als etwas, «das ausserhalb des Individuums und seiner Leistung begründet ist und von ihm passiv empfangen wird», wie Christoph Schneider-Harpprecht präzisiert.[39] So soll im Sinne der paulinisch-reformatorischen Rechtfertigungslehre daran festgehalten werden, dass Sinnfindung – wie das Heil des Menschen insgesamt – Ausdruck freier göttlicher Gnade ist, die vom Menschen her weder

---

einem gesellschaftlichen Transformationsprozess, der zu einem Anwachsen von Handlungskompetenz und einem komplementär dazu verlaufenen Schwund an Erlebniskompetenz geführt hat. Das bedeutet im Blick auf die Sinnfrage, «dass wir den ‹Sinn› unseres Lebens nicht länger empfangen (und deshalb ‹erleben›), sondern ihn gewissermassen bewerkstelligen (und deshalb ‹handeln›). Der ‹Sinn› ist das Ergebnis einer ‹eigenen Leistung› (und somit unserer Autonomie entsprungen)» (Autonomie und Passivität, 51).

37 Gollwitzer, Krummes Holz, 76.

38 A. a. O., 70.

39 Schneider-Harpprecht, Seelsorge, 200.

selber geleistet werden muss noch bewerkstelligt werden kann, sondern ohne eigenes Verdienst zu empfangen ist.[40]

Wird Sinnfindung zumal in evangelischer Theologie gerne als Erfahrung des heilvollen göttlichen Zuspruchs von Sinn verstanden,[41] betont der katholische Ethiker Alfons Auer stärker den Aspekt der Sinngenerierung als Aufgabe des Individuums. Zwar geht auch er von einem vorgegebenen, allerdings generell «der Wirklichkeit eingestifteten und vom Menschen immer neu auszukundschaftenden Sinn» aus,[42] wobei er diesen primär nicht als Gabe, sondern als Aufgabe, als sittlichen Anspruch der Wirklichkeit an die menschliche Person versteht.[43] Dementsprechend wird zugleich betont, der alte Mensch selber müsse «der reichlich gewährten Zeit aus der Kraft seiner Vernunft und seiner Freiheit heraus jenen Sinn einstiften, der seinem eigenen Leben [...] einen humanen ‹Mehrwert›, einen Zugewinn an Menschlichkeit einbringt».[44] Hier wird Sinngenerierung zu einer geforderten menschlichen Leistung. Der Mensch muss seine zeitlich ausgedehnte Lebensphase des Alters dazu nutzen, ihr allererst einen Sinn zu geben, einen Sinn «einzustiften» oder zu generieren, um so zu einer wahrhaft humanen Qualität des Alters zu gelangen. Hier droht der Aspekt der Sinnfindung als Leistung menschlicher Sinngenerierung so stark betont zu werden, dass es leicht zu einer Überforderung kommt. Nicht umsonst spricht Auer relativ ernüchternd da-

---

40 Zur Identifizierung von Sinn und Rechtfertigung vgl. Helmut Gollwitzer, Krummes Holz, 77f.: «Es geht also bei der Sinnfrage um nichts anderes als um die Rechtfertigung unseres Lebens [...]. Beide Fragen sind die gleiche, und ihre Terminologie ist austauschbar» (vgl. auch a. a. O., 298). Dass diese soteriologische Aufladung der Sinnfrage, die sie in den Rang eines Heilsgutes erhebt, zutiefst problematisch ist, sei hier schon einmal angemerkt.

41 Nach Gerd Theissen gilt: «Sinnerfahrungen sind Gottes Ruf» (Glaubenssätze, 84).

42 Auer, Geglücktes Altern, 199.

43 A. a. O., 135.137.

44 A. a. O., 179.

von, es gehe darum, «das schwierige Gesollte, den dem Altern als ethisches Implikat innewohnenden, aber oft verhüllten und der Schwerfälligkeit des Daseins nur in kargen Portionen abzuringenden Sinn» zu verwirklichen.[45]

Ähnlich akzentuiert aus psychologischer Sicht Viktor E. Frankl, für den Sinn in der Möglichkeit tätiger, lebenspraktischer, unter Umständen Leiden aushaltender Antwort des Menschen auf die «Forderung der Stunde» besteht.[46] Für Frankl besteht Lebenssinn in der Verwirklichung von Werten.[47] Sinn ist nicht einfach gegeben, sondern muss vom Menschen erfüllt werden im Sinne einer von ihm abverlangten Leistung,[48] in der er sich selbst verwirklicht.

Hier setzt die Kritik evangelischer Theologie an, wie sie etwa Gerhard Sauter artikuliert. Er sieht im gängigen Bemühen um Sinnfindung als Sinngenerierung den Versuch des Menschen, sein Leben als Projekt eigener Verwirklichung zu konzipieren und sich dadurch selbst zu rechtfertigen. Das bedeutet für ihn, sich selbst ein letztes Urteil über den Wert des eigenen Lebens anzumassen, statt dieses Urteil allein Gott zu überlassen und sich von ihm her Sinn, Wert und Identität zusprechen zu lassen.[49] In dieser Wendung der Sinnfrage zu einem Vorgang der Sinn*gebung* und Sinn*stiftung* sieht Sauter aus

---

45 A. a. O., 252.

46 Frankl, Ja zum Leben sagen, 125f.

47 Dabei unterscheidet Frankl drei Kategorien von Werten: schöpferische Werte, die der *homo faber* durch Arbeitsfähigkeit verwirklicht; Erlebniswerte, die der *homo amans* durch Genussfähigkeit realisiert; und Einstellungswerte, die der *homo patiens* durch Leidensfähigkeit erfüllt (Grundriss, 126f.131).

48 A. a. O., 98.131.145.

49 Sauter, Was heisst: nach Sinn fragen?, 111. Diesem Bedürfnis nach Sinngenerierung im Dienst der Selbstrechtfertigung hält Sauter theologisch entgegen: «Die Sinnfrage, mit deren Beantwortung [Menschen] ihr Rechtfertigungsbedürfnis stillen möchten, müssen sie sich verboten sein lassen» (a. a. O., 114).

theologischer Perspektive eine verkehrte Weichenstellung, die das dem Menschen Mögliche und Heilsame überschreitet.[50]

Es stellt sich allerdings die Frage, ob diese Alternative von Sinnfindung als Entdeckung und Empfang eines vorgegebenen Sinns einerseits und als Generierung eines subjektiv definierten Sinns durch den Menschen und dessen Einstiftung in die Wirklichkeit seines Lebens als individuelle Leistung anderseits sinnvoll ist und menschlicher Erfahrung gerecht wird. Geht man vom konkreten Prozess menschlicher Sinnsuche und Sinnfindung aus, scheint er immer beides zu beinhalten: Auf der einen Seite das Suchen nach einer Sinngestalt, von der angenommen wird, dass sie sich aus der Wirklichkeit des konkreten Lebens ergibt (also in irgendeiner Weise in ihr vor-findlich ist und entdeckt, eben: gefunden werden kann); auf der anderen Seite die Nötigung, Sinn als individuelle Interpretation des eigenen Lebens im Blick auf dessen Bedeutsamkeit und Stimmigkeit selber zu definieren und zu leisten. Das eine ist ohne das andere nicht möglich.[51] Wilhelm Schmid ist darum zuzustimmen: Es geht – theologisch, philosophisch und psychologisch – immer zugleich darum, «Sinn *im Leben zu finden* und *dem Leben* selbst Sinn *zu geben*».[52] Beide Aspekte von Sinnerfahrung sind konstitutiv: Man entdeckt (rezeptiv) Aspekte von Sinn, die sich einem (gleichsam von aussen) als evident erschliessen, und man formt sie (aktiv) zu einer subjektiven Deutung von Wirklichkeit, an der man dann eigenes Sein und Tun (retrospektiv, aktuell und prospektiv) orientiert und bewertet.

Bedenkenswert im Blick auf Sinnfindung im hohen Alter scheint mir in diesem Zusammenhang allerdings der Hinweis von Marion Bär zu sein, dass in der Hochaltrigkeit insofern eine gewisse Akzentverschiebung zwischen den beiden genannten Aspekten stattfinden dürfte, als «das Empfangen von

---

50 A. a. O., 46.

51 Mit den Worten von Martin Buber: «Schaffen ist Schöpfen, Erfinden ist Finden. Gestaltung ist Entdeckung» (Ich und Du, 17).

52 Schmid, Dem Leben Sinn geben, 388 (Hervorhebungen H. R.).

Sinn gegenüber einem Bewirken-Wollen von Sinn wichtiger wird».[53] Das dürfte Ausdruck eines altersspezifischen Reifungsprozesses sein, der eine grössere Empfänglichkeit für die passiven oder rezeptiven Aspekte des Lebens mit sich bringt. Für Leopold Rosenmayr gehört es gerade zur Lebensphase des reifen Alters, nicht primär das Leben und seine Möglichkeiten zupackend ergreifen zu wollen, sondern umgekehrt sich von ihm ergreifen zu lassen, woraus sich dann nach Rosenmayr ein neues, «ergriffenes Ergreifen als eine grundlegende Altershaltung» ergeben kann.[54] In diesem Sinne dürfte das Alter auch in Bezug auf den Prozess der Sinnsuche zu einer neuen Gewichtung des Aspekts der Passivität, des Entdeckens und Empfangens von Sinn führen und damit dem theologischen Hinweis Helmut Gollwitzers entgegenkommen, dass Sinnempfang grundsätzlich vor Sinnleistung kommt.[55]

2.4 Relativierung der Sinnfrage

Wird Sinn als religiöse Frage, also in theologischem Zusammenhang thematisiert,[56] scheint es angezeigt, ein paar grundsätzliche Klärungen vorzunehmen, um der Gefahr einer immer wieder feststellbaren Überhöhung der Sinnfrage zu begegnen. Solche Überhöhungen zeigen sich zum Beispiel, wenn Helmut Gollwitzer sagt, «die Sinnfrage [sei] … *die* religiöse Frage» schlechthin,[57] und wenn er Sinn und Heil in Parallele zueinan-

---

53 Bär, Sinn erleben, 166.

54 Rosenmayr, Philosophie des Alterns, 23.

55 Gollwitzer, Krummes Holz, 70.

56 Ralf Lutz stellt allerdings fest, dass «der immensen theoretischen und praktischen Bedeutung des Sinnbegriffs zum Trotz nach wie vor nur eine sporadische theologische Rezeption zu beobachten [ist]» (Die Sinnfrage, 140).

57 Gollwitzer, Krummes Holz, 18.

der setzt.[58] Oder wenn er meint, Glauben heisse, «in Gewissheit letzten Sinnes zu leben und geborgen zu sein».[59] Überhöht ist die Rede von Sinn auch, wenn Ludwig WITTGENSTEIN in seinem Tagebuch festhält: «Den Sinn des Lebens, d. i. der Sinn der Welt, können wir Gott nennen.»[60] Hier bekommt die Sinnfrage eine theologisch aufgeladene, geradezu soteriologische, das Heil betreffende Bedeutung, die sie überfrachtet.

Es empfiehlt sich demgegenüber, die Sinnfrage auf einer etwas tieferen, lebenspraktischeren Ebene anzusiedeln, bei der es nicht primär um das Heilshandeln Gottes, sondern um die Lebensgestaltung des Menschen, nicht um das Leben im Jenseits, sondern um ein möglichst gutes, erfülltes und deshalb bejahbares Leben von Menschen mit ihren irdischen Werten, Aufgaben und Zielen geht.[61] In Anlehnung an eine Unterscheidung Dietrich BONHOEFFERS lässt sich sagen: Gottes Heilshandeln am Menschen (reformatorisch gesprochen: seine Rechtfertigung des Sünders aus Gnade, seine Auferweckung der Gestorbenen zu einem ewigen Leben in der Gemeinschaft mit ihm jenseits des Todes) gehört zum Bereich des «Letzten». Das Suchen nach Sinn in der Vielfalt der Aufgaben und Erfahrungen des natür-

58 A. a. O., 184.

59 A. a. O., 176.

60 WITTGENSTEIN, Tagebücher 1914–1916, 167.

61 Die Sinnfrage im Blick auf die Erfahrungen des *irdischen* Lebens im *Diesseits* zu stellen, entspricht einem Grundzug heutiger, westlich geprägter säkularer Kultur und ist ein Erbe der Aufklärung (BÄR, Irdisches Glück, 13f.). Theologie tut aber gut daran, sich diese Fokussierung der Sinnfrage zu eigen zu machen und nicht – wie es die christliche Lehrtradition (ganz im Unterschied zur alttestamentlichen Tradition!) durch die Jahrhunderte zu tun pflegte – den Sinn irdischen Lebens allzu schnell mit dem Verweis auf eine verheissene *beata visio Dei,* eine selige Schau Gottes, zu deuten. Mit Ralf LUTZ ist darauf hinzuweisen, dass die Sinnfrage nicht notwendig mit dem Gottesbegriff verknüpft werden muss (Die Sinnfrage, 136). Allerdings soll nicht bestritten werden, dass eine «grundlegende Affinität theologischen Denkens zur Sinnfrage» besteht (a. a. O., 147).

lichen, irdischen Lebens gehört in den Bereich des «Vorletzten».[62]

Anders als in früheren Zeiten, da das irdische Leben weithin als Vorbereitung auf die Ewigkeit verstanden wurde, seinen letzten Sinn also in etwas anderem als dem irdischen Leben hatte; anders auch als in asiatischen Religionen, die an einen vom Karma bedingten Zyklus von Wiedergeburten (Reinkarnationen) glauben, bei dem Sinn und Ziel jedes Lebens im Fortschreiten der geistigen Entwicklung im Blick auf das nächste Leben besteht, kann die Sinnfrage in unserem heutigen westlichen Kontext nur auf die Bedeutung des irdischen, vergänglichen Lebens zwischen Geburt und Tod zielen. Ein postmortales, vollendetes Leben in der Auferstehung ist zwar nach christlichem Glauben eine Wirklichkeit, auf die Menschen zugehen und auf die sie hoffen dürfen.[63] Es ist aber nicht Sinn dieses irdischen Lebens. Salopp gesagt: Sinn unseres irdischen Lebens kann nicht sein, irgendwann einmal in einen jenseitigen Himmel zu kommen.

Die Sinnfrage ist – gegen WITTGENSTEIN – auch nicht mit der Gottesfrage zu identifizieren. Sie ist überhaupt nicht *die* religiöse Frage schlechthin, wie GOLLWITZER meint. Sondern – bescheidener – die Frage nach Orientierung im Blick auf die Herausforderungen irdischer Lebensführung und das Streben nach Erfahrungen von Glück. Insofern ist die Sinnfrage mehr eine Frage auf der Ebene einer Ethik des guten Lebens als eine im strengen Sinne theologische Frage.

Um noch einmal WITTGENSTEIN zu zitieren: Wenn er schreibt, «an Gott glauben heiss[e] sehen, dass das Leben einen Sinn hat,»[64] dürfte diese Aussage wiederum einer Überhöhung der Sinnfrage gleichkommen. Die biblischen Klagepsalmen, das Buch Hiob oder die Passion Jesu lassen viele Stimmen zu

---

62 BONHOEFFER, Ethik, 137; Widerstand und Ergebung, 379f.

63 Vgl. etwa die Ausführungen des Paulus in 1Kor 15,35–54 und 2Kor 5,1–8.

64 WITTGENSTEIN, Tagebücher 1914–1916, 168.

Wort kommen, in denen Menschen, die an Gott glauben, klagen, dass sie den Sinn ihres Lebens nicht mehr sehen können. Tragender Grund menschlichen Lebens ist für den Glauben nicht irgendein erkannter oder selber generierter Sinn, sondern das Vertrauen – ob mit mehr oder weniger Sinnerfahrung –, in Gottes Hand zu sein,[65] von ihm geliebt und gehalten zu sein in einer Gemeinschaft, aus der einen nichts und niemand reissen kann.[66] Aber daraus ergibt sich nicht automatisch konkrete Erfahrung von Sinnhaftigkeit des Lebens, sondern eher umgekehrt eine Befreiung vom Zwang, dem eigenen Leben *partout* einen Sinn geben zu müssen. Wenn jemand durch einen unverschuldeten Verkehrsunfall oder durch Hirnschläge im Alter schwerst behindert überlebt, mag der Glaube zwar darauf vertrauen, in aller Not in Gottes Hand gehalten zu sein. Aber ob er in dieser Situation auch einen Sinn zu erkennen vermag, ist eine andere Frage.[67]

---

65 Vgl. Ps 31,16. Gerhard SAUTER sagt prägnant: «‹Vor Gott› *(coram Deo)* stehen heisst zugleich: in seiner Hand sein» (Das verborgene Leben, 297). Das wird auch an den Berichten der Evangelien über das Sterben Jesu deutlich. Nach Mk 15,33f. vollzog sich dieses Sterben in einer Situation der Sinnfinsternis («Mein Gott, warum hast du mich verlassen!»), während Jesus nach Lk 23,46 sich seines letzten Halts mit den Worten vergewisserte: «Vater, in deine Hände lege ich meinen Geist.»

66 Röm 8,38f.

67 Hilfreich mag ein Verweis auf die Erfahrung von Dietrich BONHOEFFER aus seiner Gefängniszeit als Gestapo-Häftling in Tegel sein, der in dieser extremen Situation, angesichts der möglichen Verurteilung zum Tod mit der Sinnfrage rang, diese aber als schwierig und «oft belastend» empfand, weil ihm das Wofür seines ganzen Einsatzes mitunter problematisch erschien (Widerstand und Ergebung, 437). Demgegenüber hält er fest: «Ich muss die Gewissheit haben können, in Gottes Hand […] zu sein. Dann wird alles leicht, auch die härteste Entbehrung» (a. a. O., 252). Gerade in Situationen des Leidens sieht BONHOEFFER das Befreiende nicht darin, dem Leiden einen tieferen Sinn zu geben, sondern darin, «dass man seine Sache ganz aus den eigenen Händen geben und in die Hände Gottes legen darf» (a. a. O., 549). Erst von diesem theologisch «Letzten» her kann BONHOEFFER dann im Blick auf das «Vorletzte» seiner prekären Situation sagen: «Ich

Die Frage nach dem Sinn zum Beispiel eines Lebens in Hochaltrigkeit ist ferner zu unterscheiden vom ethischen Urteil über die (Menschen-)Würde einer Person. Die Würde eines Menschen ist eine normative, unbedingt geltende, situationsunabhängige und unverlierbare Zuerkennung des Anrechts auf Achtung als Mensch.[68] Sie ist unantastbar, auch wenn ein Mensch sein Leben – wie im oben angeführten Zitat von Kurt Marti – subjektiv nur noch als sinnlosen Leerlauf empfinden und sehnlichst dessen Ende herbeiwünschen sollte. Die Würde eines Menschen hängt nicht von der durch ihn selbst empfundenen oder ihm von aussen zugestandenen Sinnhaftigkeit seines Lebens ab.[69] Darum ist die Frage nach dem Sinn des Lebens auch nicht zu verwechseln mit der unseligen Frage, ob ein Leben noch ‹lebenswert› oder ‹lebensunwert› sei. Menschliches Leben ist grundsätzlich lebenswert und hat Anspruch darauf, respektvoll und mit Achtung behandelt zu werden. Ob es auch immer sinnvoll ist in dem Sinne, dass zum Beispiel seine Verlängerung dem betroffenen Individuum erstrebenswert erscheint, ist eine andere Frage.

Einen weiteren Punkt, der gegen die Absolutsetzung der Sinnfrage bedacht werden sollte, bringt Gerhard Sauter im Rückgriff auf die alttestamentliche Weisheitsschrift Kohelet zur Sprache. Menschen können offenbar nicht anders, als nach Sinn zu fragen. Das Verlangen nach sinnhafter Ordnung der

---

glaube, dass mir nichts Sinnloses widerfährt […], wenn es auch unseren Wünschen zuwiderläuft. Ich sehe in meinem gegenwärtigen Dasein eine Aufgabe» (a. a. O., 421).

68 Härle, Würde, 9–23 (14). Vgl. auch das Kapitel «Alter und Würde» in: Rüegger, Alter(n) als Herausforderung, 39–75.

69 Es bedarf heutzutage durchaus des expliziten Insistierens auf dem, was mancherorts nicht mehr als selbstverständlich gilt, dass nämlich «auch der alte, der sieche, der sterbende Mensch am Ende des Lebens Menschenwürde hat, also einen mit seinem Dasein als Mensch gegebenen und damit objektiven Anspruch auf Achtung hat, der als solcher ‹unantastbar› ist» (Härle, Menschenbild und Menschenwürde, 16).

Wirklichkeit hat für sie fast die Kraft eines Instinkts.[70] Insofern ist die Sinnfrage als Ausdruck menschlicher Orientierungsbedürftigkeit zutiefst menschlich. Davon zu unterscheiden ist jedoch die Sinnfrage aus dem Bedürfnis heraus, sein eigenes Leben oder die Wirklichkeit, wie sie ist, mit einem übergreifenden Werturteil zu rechtfertigen. Damit würden die Grenzen des dem Menschen Möglichen und Zustehenden überschritten.[71] Kohelet argumentiert: «Alles hat Gott so gemacht, dass es schön [man könnte auch sagen: sinnvoll, H. R.] ist zu seiner Zeit. Auch die ferne Zeit hat er den Menschen ins Herz gelegt [also so etwas wie eine prospektive Sinnperspektive, H. R.], nur dass der Mensch das Werk, das Gott gemacht hat, nicht von Anfang bis Ende begreifen kann. Ich erkannte, dass sie nichts Besseres zustande bringen, als sich zu freuen und Gutes zu tun im Leben.»[72] Der Mensch kann nach dieser skeptisch-weisheitlichen Sicht zwar nach Sinn fragen, weil ihm das quasi von Natur aus ins Herz gelegt ist, aber er kann die Frage selber nicht mit absoluten Sinnvorstellungen beantworten, weil er dazu den Überblick bräuchte über das Ganze des Daseins, über die Wirklichkeit in all ihren Ursachen und Folgewirkungen. Nur dann liesse sich definitiv darüber urteilen, was letztlich sinnvoll und was nicht sinnvoll ist. Dazu wäre es allerdings nötig, die Perspektive Gottes einzunehmen. Wer eine solche Überblicksperspektive für sich beanspruchen wollte, würde sich masslos übernehmen und einer «wahnhaften, ja wahnsinnigen Anstrengung verfallen»,[73] die ein Zeichen von Hybris wäre. So etwas wie ein Gesamtsinn des Lebens ist dem Menschen in dieser theologischen Betrachtungsweise nicht einsehbar, er bleibt ein Geheimnis Gottes. Sinn, soweit er dem Menschen erschliessbar ist, bewegt sich demgegenüber nach Koh 3,12 auf der be-

---

70 So Gerhard Sauter (Was heisst: nach Sinn fragen?, 49) in Anlehnung an Überlegungen von Peter L. Berger.

71 A. a. O., 35.

72 Koh 3,11f.

73 Sauter, Was heisst: nach Sinn fragen?, 30–32.

scheideneren, lebenspraktischeren Ebene des Geniessens, der Freude am Guten (also dem Glück) einerseits und dem Tun des Guten (also der Solidarität und Gerechtigkeit) andrerseits.

Es ist nicht zu bestreiten, dass das Aufgreifen von Sinnfragen ein wichtiger Aspekt seelsorglicher Begleitung ist – nicht nur, aber gerade bei hochaltrigen Menschen. Seelsorge soll «dazu helfen, dass Menschen im Alter die Verbindung zum Sinn ihres Lebens finden und festigen können».[74] Dabei erweist es sich allerdings als wichtig, die hier empfohlene Relativierung des Sinnverständnisses ernst zu nehmen. Wer in Situationen, da Sinnkonstrukte zerbrechen oder fraglich geworden sind, allzu vollmundig Sinnvergewisserung betreiben will, pervertiert gut gemeinten Trost durch Sinnfindung nur allzu leicht zu billiger Vertröstung, die das Gegenüber in seiner Situation und Befindlichkeit verfehlt. Wenn etwa Gerhard Spракties in seiner Darstellung einer sinnorientierten Altenseelsorge sagt, «wir sollten den leidgeprüften und am Selbstwert zweifelnden alten Menschen zusprechen, dass auch ihr Leben nicht sinnlos [...] ist, sondern dass es auf eine vielleicht geheime und uns verborgene Weise in höchstem Masse sinnhaftig ist»,[75] so dürfte die Gefahr einer billigen Vertröstung nicht von der Hand zu weisen sein. Kristin Merles Hinweis ist jedenfalls zu beherzigen: «Trost wird zur Vertröstung, wo Sinn einfach affirmiert und suggeriert wird, wo Gott als Grund der Gewissheit eines letzten Lebenssinns fungiert, um Leiden und Verzweiflung ihre erschreckende Schärfe und Härte zu nehmen.»[76] Die Ermutigung durch ein empathisch-solidarisches Gegenüber, sich ein Sinndefizit einzugestehen und damit zu leben, dürfte allemal tröstlicher sein als die Vertröstung mit einem Sinnzuspruch, der nicht wirklich trägt. So sehr das Bemühen um Sinnorientierung einem menschlichen Grundbedürfnis entspricht, so sehr ist darauf hinzuweisen, dass «der Mensch auch mit einem

---

74 Gäbler-Kaindl, Vom Sinn des Alters, 13.

75 Sprakties, Sinnorientierte Altenseelsorge, 21.

76 Merle, Alltagsrelevanz, 137.

bestimmten Mass an Sinnlosigkeitsgefühlen leben [kann].»[77] Frank MATHWIG hat darum Recht, wenn er es angesichts des «aktuellen Booms von Sinnhaftigkeitsbegehrlichkeiten» als eine Aufgabe christlicher Seelsorge sieht, «Mut zur Sinnlosigkeitstoleranz» zu machen. «Wir können – und müssen manchmal – auch gegen das eigene Verstehen anleben. Leben braucht kein Verstehen, um gelebt zu werden.»[78] Diese Mahnung zu einer Selbstbescheidung im Blick auf die Sinnfrage entspricht einer Forderung, die Odo MARQUARD angesichts eines von ihm diagnostizierten übermässig gewordenen Sinnanspruchs schon vor Jahrzehnten gestellt hat, nämlich eine «Sinndiät durch Diätetik der Sinnerwartung» zu vollziehen.[79]

Das hohe Alter ist eine Phase erhöhter Fragilität und gesteigerten Risikos, von einer oder mehreren, möglicherweise unheilbar-chronischen Krankheiten heimgesucht zu werden. Es ist auch die Lebensphase, die mit den meisten Verlusten und Erfahrungen von Grenzen einhergeht, die bisherige Sinnentwürfe erschüttern können. Das lässt sich trotz eines noch so legitimen gerontologischen Bemühens um Überwindung eines einseitig negativen Altersstereotyps nicht wegdiskutieren. Vielmehr gilt es diese Realität ungeschminkt anzuerkennen.

---

77 VOGEL, Lebenssinn, 36.

78 MATHWIG, Worum sorgt sich Spiritual Care?, 37. Hans-Martin RIEGER gibt zu bedenken: Im Blick auf die Sinnfrage «kommt es nicht so sehr auf Verstehbarkeit oder gar auf eine erfassbare Sinntotalität an als vielmehr auf eine elementare Lebensbedeutung, ein elementares Motiv, warum und wozu ich lebe» (Altern anerkennen und gestalten, 86).

79 Odo MARQUARD schreibt: «Die moderne […] Sinnverlusterfahrung resultiert aus einem Überanspruch in bezug auf Sinn; unsere primäre Schwierigkeit ist also nicht der Sinnverlust, sondern das Übermass des Sinnanspruchs; und nicht die grosse Sinnverlustklage bringt uns weiter, sondern eine Mässigung – eine Reduktion – des unmässig gewordenen Sinnanspruchs» (Zur Diätetik der Sinnerwartung, 41f.). Entsprechend ginge es darum, im Blick auf Sinnerwartungen «die richtige Balance zwischen [den] Ansprüchen ans Leben und dem Leben selbst zu finden» (REINHARD, Die Sinn-Diät, 11).

Das hohe Alter kann durchaus mühsam sein, hält der selber alt gewordene katholische Theologe Karl Rahner fest. «Man soll es nicht glorifizieren. Mehr als es auszuhalten zu versuchen ist nicht nötig. Wenn man es sein lässt, wie es ist, hat man im Alter getan, was da zu tun ist.»[80] Dazu gehört auch auszuhalten, dass das Leben seinen Sinn verlieren und nur noch als «Leerlauf» (Kurt Marti) erscheinen kann.[81]

Ein letzter Aspekt einer Relativierung der Sinnfrage sei noch genannt. Ingrid Riedel hat darauf hingewiesen, dass es einen «Mehr-Wert, einen Bedeutungsüberschuss des Lebens, der Teilhabe am Leben selbst gegenüber allen versuchten Sinndeutungen» gibt.[82] Sie greift dabei auf die Vorstellung der Mystik von der Selbstzwecklichkeit des Lebens zurück, die etwa in der Formel von Meister Eckhart vom «Leben ohne Warum» zum Ausdruck kommt.[83] Die Bedeutsamkeit und der Sinn des Lebens erschliessen sich vielleicht gerade dort am tiefsten, wo Leben ohne Berechnung und irgendwelches Zweckdenken in präreflexiver Selbstverständlichkeit einfach intensiv gelebt wird: in intensivem Auskosten seiner Güte und Schönheit, im aufrechten Durchleiden (Viktor E. Frankl) seiner Nöte, in verantwortungsvoller Hingabe an die Aufgaben, die es uns stellt[84] – ohne in reflexiver Distanz zum Leben nach dessen Sinnhaftigkeit zu fragen. «Der Sinn des Lebens im Alter ist das Leben selbst – in seiner ganzen Verletzlichkeit und Fragment-

80 Lehmann/Raffelt (Hg.), Karl Rahner-Lesebuch, 73.

81 Insofern ist die nüchterne Einsicht Hans Küngs theologisch und seelsorglich zentral: «Zu einer Sinnerfüllung meines Lebens […] wird es erst in der Begegnung mit der offenbaren Wirklichkeit Gottes kommen; die Zweideutigkeit des Lebens und alles Negative werden definitiv nur durch Gott selber überwunden» (Ewiges Leben?, 268).

82 Riedel, Die innere Freiheit, 164.

83 A. a. O., 168.

84 Paul Watzlawick stellt die Frage: «Ist es vielleicht so, dass der wahre Sinn sich nur dann offenbart, wenn wir ihn nicht mehr suchen? Wenn wir statt suchen gelernt haben, mit dem Suchen aufzuhören?» (Vom Unsinn des Sinns, 46).

haftigkeit», gibt Gerhard Sprakties zu bedenken.[85] Leben um des Lebens willen, um das zum Ausdruck zu bringen, was auch im hohen Alter an Leben in uns lebt und aus uns leben möchte.[86] Bei aller Frage nach Sinn sollte dieser Aspekt der Selbstzwecklichkeit des Lebens, eines «Lebens ohne Warum», nicht vergessen werden. Denn er dürfte in manchen Situationen eine existenziell und auch seelsorglich fruchtbarere Weise des Umgangs mit der Sinnfrage darstellen als «all die oft verkrampften Versuche, dem Unsinn, dem Widersinn, den das Leben uns auch zumutet, und diese gerade im Alter, jeweils einen Sondersinn abzutrotzen.»[87]

---

85 Sprakties, Sinnorientierte Altenseelsorge, 24.

86 Wilhelm Schmid formuliert es so: «Der Sinn des Lebens ist die volle Entfaltung des Lebens» (Dem Leben Sinn geben, 394).

87 Riedel, Die innere Freiheit, 164. Dabei ist in Anlehnung an den Hinweis von Odo Marquard, dass es Glück stets nur als Glück im Unglück gibt (Glück im Unglück, 11–38), immer mit zu bedenken, dass es Erfahrung von Sinn immer nur zusammen mit konträren Erfahrungen des Un- oder Widersinns gibt.

3.

Das hohe Alter als Thema der Theologie

3.1 Theologischer Nachholbedarf

Angesichts der gesellschaftspolitischen Tragweite des Phänomens Hochaltrigkeit, der intensiven interdisziplinären Beschäftigung mit Fragen des Alters in der Gerontologie und im Blick auf die Tatsache, dass ein hohes Alter umgangssprachlich als ‹biblisches Alter› bezeichnet wird, mag es erstaunen, dass die Frage nach dem Sinn von Hochaltrigkeit bisher so gut wie kein Thema der theologischen Diskussion war. Speziell im Bereich der theologischen Dogmatik kann das Thema Alter «als unterentwickelt, wenn nicht gar als ausser Acht gelassen gelten».[1] Dass Gerhard Sauter in seiner theologischen Anthropologie dem Thema Altern ein eigenes Kapitel widmet,[2] muss als Ausnahme gelten. Er hält denn auch selbst fest, dass «das Alter als ein Lebensabschnitt besonderen Ranges weder biblisch-theologisch noch […] in der theologischen Anthropologie eigens berücksichtigt» wird, um dann allerdings die Frage zu stellen, ob das Thema ‹Altern› nicht vielmehr «zu einer Art Lackmustest für theologische Anthropologie» werden müsste.[3] Dafür würde die philosophische Sicht von Thomas Rentsch sprechen, demzufolge sich das Alter als eine Radikalisierung der menschlichen Grundsituation generell verstehen lässt, durch die die Sinnkonstitution humanen Lebens in ihren grundsätzlichen Zügen besonders aufdringlich zutage tritt.[4] Insofern stehen bei

---

1 Thomas/Thomas, Autonomie und Endlichkeit, 135f. Dasselbe Defizit lässt sich nach Klaus Hock auch für die Religionswissenschaft ausmachen, die im Blick auf Altersfragen einen offensichtlichen Nachholbedarf aufweist (Grenzenlos altern, 37). Aus systematisch-theologischer Sicht ist in neuerer Zeit immerhin hinzuweisen auf Auer, Geglücktes Altern, auf Schneider-Flume, Alter, und auf Rieger, Altern anerkennen und gestalten.

2 Sauter, Das verborgene Leben, Kap. 12 (288–311).

3 A. a. O., 291. Auf ein Defizit der Reflexion auf das Alter in der theologischen wie in der philosophischen Anthropologie weisen auch Coors, Zeit und Endlichkeit, 254, und Rieger, Altern anerkennen und gestalten, 39, hin.

4 Rentsch, Altern und Lebenssinn, 27; ders., Altern als Werden zu sich selbst, 198.

der Thematisierung von Hochaltrigkeit Grundfragen zur Diskussion, wie menschliches Leben in seiner irdischen, zeitlichen Erstreckung zu verstehen und zu gewichten ist. Zugleich ruft die Reflexion auf den Sinn eines langen Lebens theologisch aber auch nach der Klärung dessen, was im Sinne einer individuellen Eschatologie nach diesem Leben jenseits des Todes zu erhoffen ist.[5] Davon hängt mit ab, welche Bedeutung und welchen Sinn man dem Erreichen einer möglichst ausgeprägten Hochaltrigkeit beimisst.[6]

Dass Alter(n) und insbesondere Hochaltrigkeit bis in die jüngste Zeit kaum ein Thema theologischen Nachdenkens geworden ist, hängt wohl nicht zuletzt damit zusammen, dass das Neue Testament zum Thema Alter so gut wie nichts zu sagen hat. Harris J. Gordon spricht in seiner Monografie über biblische Perspektiven zum Thema Altern in Bezug auf das Neue Testament von «general silence on the matter of aging».[7] In einem gewissen Kontrast dazu sind Einstellung zum Alter im Alten Testament in zahlreichen Untersuchungen thematisiert worden.

Am stärksten dürften gerontologische Fragestellungen in jüngster Zeit in der Praktischen Theologie aufgegriffen worden

---

5 Dieser Frage hat sich Hans Küng gestellt (Ewiges Leben?). Er ist überzeugt, dass «die *Glaubensüberzeugung von einem ewigen Leben* entscheidende Konsequenzen für ein sinnvolles und verantwortetes zeitliches Leben [hat]» (208), ohne allerdings darauf zu reflektieren, was für Konsequenzen sich daraus für die Frage nach der Bedeutung und allfälligen Wünschbarkeit von Hochaltrigkeit ergeben.

6 Ulrich Feeser-Lichterfeld weist zu Recht darauf hin, dass das Thema Langlebigkeit die Theologie herausfordert, das in neuerer Zeit eher verschämt an den Rand geschobene Thema der individuellen Eschatologie neu und in für heutige Zeitgenossen relevanten Kategorien zur Sprache zu bringen (Lebenszyklus und Lebensverlängerung, 287–289).

7 Gordon, Biblical Perspectives, 122. Auch Martina Blasberg-Kuhnke konstatiert, dass «das Alter […] in der neutestamentlichen Verkündigung nicht auf nennenswertes Interesse stösst» (Gerontologie und Praktische Theologie, 268).

sein.[8] Gerade in der Seelsorge mit Hochaltrigen stellt sich zum einen die Aufgabe, Menschen dabei zu helfen, gegen eine um sich greifende Mentalität des Anti-Aging das Alter, auch das hohe Alter, als Lebensphase mit eigenen Möglichkeiten, Aufgaben und Herausforderungen anzunehmen.[9] Zum andern geht es darum, Menschen im fortgeschrittenen Alter darin beizustehen, angesichts von Erfahrungen von Unerklärlichem und sinnlos Erscheinendem das Dasein zu bewältigen, einem roten Sinnfaden in ihrer Lebensgeschichte auf die Spur zu kommen[10] und Situationen auszuhalten, in denen sich kein Sinn finden lässt oder Sinn höchstens gegen alle Erfahrung geglaubt werden kann.[11]

Schliesslich wirft das Phänomen der Hochaltrigkeit bzw. Langlebigkeit eine Vielfalt von ethischen Fragen auf,[12] die auch aus theologischer Perspektive einer Bearbeitung bedürfen. Zum einen stellt sich die Aufgabe, mit dem Gewinn an Lebens-

---

8 Exemplarisch dafür stehen die Publikationen von Kunz (Hg.), Religiöse Begleitung; Klie/Kumlehn/Kunz (Hg.), Praktische Theologie des Alterns; Kumlehn/Klie (Hg.), Aging; Kumlehn/Kubik (Hg.), Konstrukte. Spezifisch im Blick auf das Thema Hochaltrigkeit ist zu verweisen auf Bromkamp, Wenn Pastoral Alter lernt.

9 Rüegger, Altern im Spannungsfeld. Nach Ulrike Wagner-Rau stellt das höhere Alter unausweichlich vor die Aufgabe, «die Gaben und die Grenzen des Möglichen miteinander zu versöhnen. Das ist eine religionsaffine Fragestellung. Man kann davon ausgehen, dass sich im Alter die Fragen zuspitzen, mit denen es die Religion im Nachdenken und in der Praxis zu tun hat. Das heisst aber nicht, dass das Alter per se eine spirituelle Lebensphase ist» (Eure Alten werden Träume träumen, 120).

10 Nach Ulrich H. J. Körtner besteht die Rolle der Seelsorge darin, «Menschen dabei zu helfen, in ihrer konkreten Lebens- oder auch Leidenssituation Sinn zu entdecken und somit zu einer Form der Resignation [im klassisch-positiven Sinne der Freiheit und Gelassenheit, des Loslassens und Zulassens, H. R.] zu gelangen, die es ihnen ermöglicht, das eigene Leben und sich selbst zu bejahen – und zwar als von Gott bejaht» (Leib und Leben, 177f.).

11 Gäbler-Kaindl, Vom Sinn des Alterns, 12–15.

12 Rüegger, Alter(n) als Herausforderung.

zeit verantwortungsvoll umzugehen, d. h. ihn so zu nutzen, dass das Alter möglichst gut, erfüllend, sinnvoll gelebt werden kann. Das ist der Aspekt einer eudämonistischen Ethik des guten Lebens. Daneben stellen sich im medizinischen Kontext gerade im Blick auf das höhere Alter zahlreiche Fragen einer normativen Moral mit ihrer deontisch-präskriptiven Ausrichtung:[13] Fragen etwa, bis zu welchem Punkt von den heute weit reichenden Möglichkeiten, das Leben zu verlängern, Gebrauch gemacht werden soll und wann der Zeitpunkt gekommen ist, das Sterben zuzulassen. Derartige Entscheidungen beruhen letztlich immer (allerdings meist unreflektiert-implizit!) auch auf Vorstellungen über sinnvolles Leben im hohen Alter. Schliesslich geht es sozialethisch im Blick auf gesellschaftliche Rahmenbedingungen um die Entwicklung eines Menschenbildes, das nicht ausschliesslich an den Werten, Fähigkeiten und Bedürfnissen des jungen und mittleren Erwachsenenalters orientiert ist, sondern die Ressourcen und Bedürfnisse aller Altersstufen, also auch der Hochaltrigen, wahrnimmt und diese Altersgruppe in ihrer spezifischen Lebenssituation als vollwertige Glieder der Gesellschaft ernst nimmt.[14]

So hat die Theologie allen Grund, sich von ihrer eigenen Thematik her ernsthaft mit der Frage nach Sinn und Bedeutung von Hochaltrigkeit zu beschäftigen.[15] Dafür ist eine Besinnung auf grundlegende biblische Perspektiven unumgänglich, auch wenn diese – wie Alfons Auer zu Recht festhält – nicht das einzige Mass theologischer Reflexion über das Alter und dessen Sinnhaftigkeit darstellen können.[16]

---

13 A. a. O., 207. Zur Unterscheidung von moralisch-normativer und ethisch-evaluativer Perspektive vgl. Huber, Ethik, 17–20.

14 Insofern ist sozialethisch bedeutsam, dass die Altersproblematik, wie Eckart Reinmuth hervorhebt, «zunehmend als gesellschaftliche Sinnfrage kommuniziert wird» (Kulturelle Konstruktion des Alters, 151).

15 Darauf weist auch Ulrich Feeser-Lichterfeld nachdrücklich hin (Lebenszyklus, 266).

16 Auer, Geglücktes Altern, 104.

3.2 Biblische Perspektiven

Alter – auch das spezifische Phänomen des hohen Alters – kommt im Alten Testament vielfältig zur Sprache, ohne dass aber so etwas wie eine systematische Lehre vom Alter entfaltet würde.[17] Dabei ist das Reden vom Alter in der hebräischen Bibel von einer durchgängigen Ambivalenz geprägt.[18]

Nur wenige Menschen dürften im Alten Israel älter als 30 bis 50 Jahre geworden sein.[19] Nach Martin Klopfenstein liegt die geschätzte mittlere Lebenserwartung bei 35 bis 40 Jahren.[20] Als alt galt man wohl ab 50 oder 60 Jahren,[21] nach Harris J. Gordon möglicherweise schon ab einem Alter von 30 bis 40 Jahren.[22] Nach Ps 90,10 und 2Sam 19,33 gelten 80 Jahre jedenfalls als hohes Alter.[23] Dabei kann Hochaltrigkeit positiv, als etwas

---

17 Werren, Ehe die Tage des Übels kommen, 3. Die Verfasserin weist darauf hin, dass «obwohl alte und sehr alte Menschen eine Ausnahmeerscheinung darstellten, das Thema Alter im Alten Testament im Verhältnis zu seinem tatsächlichen Vorkommen in der Gesellschaft reichlich thematisiert» wird (86).

18 Hock, Grenzenlos altern, 39. Martin A. Klopfenstein weist auf durchaus widersprüchliche Erfahrungen und Wertungen des Alten Testaments im Blick auf das Alter hin, die sich nicht einfach auf einen gemeinsamen Nenner bringen lassen (Die Stellung des alten Menschen, 261). Gerade darin erscheint das Alter, wie Jürgen van Oorschot hervorhebt, als «ein Spiegel des menschlichen Lebens. Anthropologisch betreten wir mit dem Alter keinen Sonderbereich … Wer den alten Menschen betrachtet, lernt den Menschen in seiner spannungsvollen und widersprüchlichen Existenz kennen» (Das Alter als Spiegel des Lebens, 66).

19 Ernst, Segen, 32.

20 Klopfenstein, Die Stellung des alten Menschen, 263.

21 Ernst, Segen, 215.

22 Gordon, Biblical Perspectives, 58.

23 Jer 6,11 kennt fünf Altersstufen: Kleinkindalter – Jugend – Erwachsenenalter – Alter – hohes Alter. Die Lebensphase des Alters wird also – wie in der heutigen Gerontologie! – in zwei Phasen unterteilt.

Erstrebenswertes, aber ebenso auch negativ, als etwas Belastendes dargestellt werden.[24]

Die positive Sicht kommt insbesondere in der weisheitlichen Tradition zur Sprache, die im Sinne des Tun-Ergehen-Zusammenhangs davon ausgeht, dass eine gottesfürchtige Lebensführung von Gott mit langem Leben belohnt wird. Nach Spr 10,27 «vermehrt die Furcht des Herrn die Lebenstage, die Jahre der Frevler aber werden vermindert»; und nach Spr 3,16 hält die Weisheit für die, die ihr folgen, langes Leben in ihrer Hand. Ps 91,16 wiederum versichert, dass Gott den, der ihm vertraut, mit langem Leben sättigt. Ja, der Gerechte wird auch im Alter noch spriessen wie eine Palme, wird Frucht tragen und saftig und frisch bleiben (Ps 92,13–15). So gesehen ist ein hohes Alter Zeichen von Gottes Segen und deshalb erwünscht.[25] Stephanie Ernst sieht darin «das am breitesten belegte [...] Altersbild des Alten Israel».[26] Charakteristisch für diese Idealvorstellung des Alters sind Redewendungen wie die, dass jemand «alt und lebenssatt» gestorben sei[27] oder dass er «in schönem Alter» sein Leben beenden konnte.[28] Der Sinn eines hohen Al-

---

24 Nach Harm-Peer Zimmermann zeichnet diese Ambivalenz, ja Widersprüchlichkeit das Altersbild vieler Religionen aus: Auf der einen Seite wird das Alter religiös relativiert, also als irrelevant angesehen; auf der anderen Seite wird es hochgeschätzt, wird ihm also durchaus religiöse Relevanz zugeschrieben (Irrelevanz und Relevanz, 78–80.109–111).

25 Ernst, Segen, 228; Gordon, Biblical Perspectives, 78f. Martin A. Klopfenstein hält grundsätzlich fest: «Es ist der Wunsch jedes Israeliten, seine Lebensspanne bis zur Neige auskosten zu dürfen. Er sehnt sich danach, dereinst im hohen Alter und satt an Lebenstagen zu sterben» (Die Stellung des alten Menschen, 263).

26 Ernst, Segen, 234. Nach Harris J. Gordon äussert sich in dieser Sicht so etwas wie «a common aging theology of the ancient Near East» (Biblical Perspectives, 79).

27 Dies wird im Alten Testament allerdings nur von fünf vorbildhaften Personen erzählt: von Abraham (Gen 15,15; 25,8), von Isaak (Gen 35,29), von David (1Chr 23,1; 29,28), von Hiob (Hiob 42,17) und von Jojada (2Chr 24,15).

28 So etwa bei Abraham (Gen 25,8).

ters liegt also gerade darin, Lebenshunger zu stillen und durch das lange Leben und seine vielfältigen Segnungen gesättigt zu werden wie durch ein köstliches Mahl in der Abfolge seiner verschiedenen Gänge. Allerdings weist das alttestamentliche Predigerbuch darauf hin, dass ein langes Leben sinnlos ist, wenn es einem nicht gelingt, sich am Guten zu sättigen und Wohltuendes wirklich zu geniessen: «Wenn ein Mann hundert Kinder zeugte und viele Jahre lebte und ein hohes Alter erreichte, sich aber nicht sättigen könnte von seinem Gut […], sage ich: Die Fehlgeburt hat es besser als er. […] Und wenn einer zweimal tausend Jahre gelebt, aber nicht Gutes genossen hätte – gehen nicht alle an denselben Ort?» (Koh 6,3.6) Die Fähigkeit, das Gute im Leben auszukosten, wird also zum Kriterium der Bedeutung und Sinnhaftigkeit eines langen Lebens![29]

Mit langem Leben und hohem Alter assoziiert das Alte Testament auch Reife, Lebenserfahrung und Weisheit. Nach Hiob 12,12 gilt in Israel die Regel, dass bei Greisen Weisheit zu finden ist und dass ein langes Leben Einsicht bringt, eine Regel, die Hiob allerdings bestreitet.[30] Weil alten Menschen Weisheit und Urteilskraft zugestanden wird, hat auch das Ältestenamt Gewicht und Lev 19,32 schärft generell Respekt vor alten Menschen ein.[31]

Langlebigkeit bzw. Hochaltrigkeit als Zeichen von Gottes Segen kommt in der hebräischen Bibel auch in legendarisch-mythologischen Aussagen über die heilvollen Anfänge

---

29 Nach Thomas Staubli und Silvia Schroer war ein lebenssatter Tod in der Antike allerdings ein rares Gut (Menschenbilder, 533).

30 Zum Zusammenhang von hohem Alter und Weisheit vgl. auch Sir 6,18. Allerdings ist dieser Zusammenhang in den alttestamentlichen Texten eher indirekt greifbar (Ernst, Segen, 227f.). Im Blick auf Altersweisheit gibt Ulrike Wagner-Rau zu bedenken: «Zu allen Zeiten waren die Weisen Ausnahmeerscheinungen, nicht die Regel» (Eure Alten werden Träume träumen, 119).

31 Dem entspricht, dass das Gebot, die alten Eltern zu ehren und materiell zu versorgen, zu den häufigsten Sozialgeboten der Bibel zählt (Staubli/Schroer, Menschenbilder, 533).

der Menschheitsgeschichte einerseits und über eine erhoffte eschatologische Heilszeit auf einer neuen Erde anderseits zur Sprache. Erstere konzentrieren sich auf die beiden genealogischen Kapitel Gen 5 und 11, in denen den Urvätern extrem hohe Lebensalter zugeschrieben werden: von den 148 Jahren eines Nahor (Gen 11,24) bis zu den 969 Jahren eines Metuschelach (Gen 5,27), der im Deutschen als Methusalem zum sprichwörtlichen Repräsentanten eines extrem hochaltrigen Menschen mit einem ‹biblischen Alter› geworden ist.[32] Letztere werden v. a. in der jesajanischen Ankündigung einer kommenden Heilszeit (Jes 65,20) greifbar, in der es keinen Greis geben soll, dem es nicht vergönnt sein wird, sein Leben in hohem Alter zu vollenden, und in der jeder, der 100-jährig stirbt, als ein bereits in jungen Jahren Verstorbener gelten wird.[33] Diese symbolisch zu deutenden[34] hohen Lebensalter unterstreichen noch einmal, dass langes Leben im Alten Israel grundsätzlich als etwas Gutes, Heilvolles betrachtet wurde.[35]

---

32 Es ist allerdings auffallend, dass sich diese biblischen Angaben zu hohem Lebensalter geradezu bescheiden ausnehmen, wenn man sie etwa mit der sumerischen Königsliste vergleicht, die frühen babylonischen Königen Regierungszeiten von bis zu 36'000 (Variante: 72'000) Jahren zuschreibt (Edzard, Geschichte Mesopotamiens, 38–42)! Dabei ist der Einfluss dieses mesopotamischen Motivs auf die biblischen Erzväter-Genealogien nicht von der Hand zu weisen.

33 Alter ist hier Teil eines besonderen Heilshandelns Gottes: «God's ultimate gift for members of the new messianic kingdom» (Gordon, Biblical Perspectives, 118).

34 Klopfenstein, Die Stellung des alten Menschen, 263.

35 «Altwerden ist kein Wert an sich, doch in Würde zu altern, zu sehen, wie die nächste Generation heranwächst, wie die eigene Arbeit Früchte zeitigt, durch Erfahrungswissen Klarheit in einigen Dingen zu gewinnen und demütig zu werden angesichts vieler offener Fragen, als alter und vielleicht weiser Mensch anderen eine Freude, Ermutigung oder Hilfe zu sein – das und vieles mehr kann ein Menschenleben vollkommen machen. Aus diesen Gründen wünschte man sich sehr wohl ein hohes Alter» (Staubli/Schroer, Menschenbilder, 532).

Die negative Sicht des Alters kommt in manchen erzählenden Texten zur Sprache, in denen eine Vielfalt degenerativer Veränderungen physischer und kognitiver Art als Folge zunehmenden biologischen Alters beschrieben werden.[36] Am eindrücklichsten und ausführlichsten geschieht dies in dem allegorischen Gedicht in Koh 12,1–8, das physiologische und auf die Sinne bezogene Begleiterscheinungen des hohen Alters beschreibt als Kennzeichen einer Lebensphase, die charakterisiert ist durch «schlechte Tage» und «Jahre, von denen du sagen wirst: Sie gefallen mir nicht» (Koh 12,1).[37]

Im Neuen Testament ist, wie bereits angedeutet, Alter kein Thema. In seiner Altersdenkschrift hält der Rat der EKD fest: «Der Fokus ist auf die Möglichkeit des Neuanfangs gerichtet, der an keine äusseren Bedingungen gebunden ist, schon gar nicht an ein bestimmtes Lebensalter. […] Die Verheissungen des Glaubens sind altersindifferent.»[38] Damit ist nicht bestritten, dass im frühen Christentum eine ausgeprägte Hochschät-

---

36 Vgl. die ausführliche Zusammenstellung in Ernst, Segen, 216–219. 222–225.

37 Vgl. hierzu Werren, Ehe die Tage des Übels kommen. Es handelt sich hier um die einzige Stelle in der Bibel, an welcher zusammenhängend eigens über das Alter nachgedacht wird (7). Für die hier zutage tretende pessimistische Sicht des Alters gilt: «Das wesentliche Kennzeichen fortschreitenden Alters ist die zunehmende Schwäche» (Wolff, Anthropologie, 183). Ähnlich ist auch die Stimmungslage von Ps 71, dem einzigen Psalm, der als Klagelied bzw. Bittgebet eines alten Menschen formuliert ist: «Verwirf mich nicht in der Zeit des Alters, wenn meine Kraft schwindet, verlass mich nicht. […] Auch bis ins hohe Alter, Gott, verlass mich nicht» (Ps 71,9.18).

38 Kirchenamt der EKD, Im Alter neu werden können, 39. Diese Feststellung hat auch in den sechsten deutschen Altersbericht Aufnahme gefunden, vgl. BFSFJ, Sechster Bericht zur Lage der älteren Generation, 116.217. Auf die sich in der Lehre Jesu manifestierende theologische Altersirrelevanz hat schon der Sozialgerontologe Leopold Rosenmayr hingewiesen: «Jesu Lehren machen klar, dass das höhere Alter für ihn keinen besonderen religiösen Wert bedeutete. Auch eine Vorbereitung auf dieses Alter oder eine besondere Vorsorge dafür ist in seiner Botschaft […] nicht vorgesehen» (Die Kräfte des Alters, 287); vgl. auch ders., Schöpferisch Altern, 61–64.

zung alter Menschen feststellbar ist.[39] Aber dem Alter wird nirgends eine eigene Bedeutung beigemessen. Dass angesichts des relativ frühen Todes von Jesus das Alter, schon gar ein hohes Alter, kein Thema wurde, ist zwar nachvollziehbar, hat aber Kurt Marti zu Recht zur Frage veranlasst: «In welche Richtung hätte sich das Denken und Lehren des Nazareners verändert, wenn er 90 Jahre alt geworden wäre? Müssige Frage, ich weiss.»[40] Dazu kommt eine v. a. die Verkündigung des Paulus stark prägende Jenseitsorientierung und Naherwartung, auf deren Hintergrund sich die Frage nach dem allfälligen Sinn eines langen Lebens gar nicht stellte. Das ist zwar ebenfalls nachvollziehbar, erweist sich aus heutiger Sicht aber auch als nicht unproblematisch. Dies umso mehr, als Paulus zusätzlich von einer starken Todessehnsucht bestimmt war, um endlich «bei Christus zu sein».[41] Aus einer solchen Haltung heraus ist ein langes Leben bis in ein hohes Alter natürlich nicht sinnvoll und erstrebenswert.[42]

---

39 Reinmuth, Kulturelle Konstruktion des Alters, 153f.

40 Marti, Heilige Vergänglichkeit, 20.

41 Von seiner inneren Zerrissenheit zwischen dem Wunsch zu sterben und dem Wunsch weiterzuleben, um seinen apostolischen Dienst fortzuführen, schreibt er in Phil 1,21–25. Dabei ist seine Wertung klar: Sterben wäre für ihn ein «Gewinn», würde dem entsprechen, wonach er eigentlich «Lust hätte» und wäre überhaupt «weit besser»; weiterzuleben zieht er nur deshalb vor, weil es ihm unter missionarischem Gesichtspunkt «nötiger» erscheint. Zum Wunsch des Paulus, zu sterben, um «beim Herrn zu Hause zu sein», vgl. auch 2Kor 5,8.

42 Es ist deshalb nur begrenzt sinnvoll, «die Hoffnung der Auferstehung im NT als Grundlage des Lebenssinns» zu bezeichnen (Marti, Zusammenspiel, 83). Die Auferstehungshoffnung führt bei Paulus eher zu einer Abwertung des Sinns irdischen Lebens zugunsten einer ausgeprägten sinnhaften Hochachtung eines verwandelten, postmortalen Lebens in der jenseitigen Wirklichkeit der Auferstehung.

3.3 Hochaltrigkeit zwischen göttlichem Segen und zivilisatorischer Errungenschaft

Wenn wir vom heutigen Phänomen der Hochaltrigkeit oder Langlebigkeit sprechen und uns theologisch über seine Sinnhaftigkeit Gedanken machen, sind unterschiedliche Interpretationsmöglichkeiten zu unterscheiden. Im Sinne des Alten Testaments und seiner weisheitlichen Tradition des Tun-Ergehen-Zusammenhangs kann ein hohes Alter als Gabe oder Segen Gottes verstanden werden, etwa als Belohnung für ein Gott wohlgefälliges Leben oder als verheissene Gabe Gottes für eine erhoffte messianische Heilszeit. Dabei geht das Alte Testament von der Annahme aus, dass ein langes Leben nicht Resultat direkter menschlicher Einflussnahme auf die Lebenslänge, sondern letztlich Ausdruck eines dem Menschen unverfügbaren, gnädigen göttlichen Handelns ist. Gott ist es, der dem einen ein langes, der anderen ein kurzes Leben gewährt. Diese Interpretation findet sich zum Beispiel noch bei Karl RAHNER, wenn er sagt, Alter sei eine Gnade, die Gott nicht jedem gebe, und das Erreichen eines hohen Alters müsse als Wille Gottes angenommen werden.[43] Früher hatte das Alter in einem religiösen Deutungskontext seine Bedeutung generell als eine der von Gott bestimmten Lebensphasen, die man seiner Vorsehung verdankte und zu durchleben hatte. Sollte dieses Durchleben ein Durchleiden sein, konnte man zumindest davon ausgehen, dass das Leiden einen höheren Zweck hatte bzw. einer übergeordneten Fügung entsprach, die es hinzunehmen galt.[44] Stephanie ERNST hat demgegenüber zu Recht darauf hingewiesen, dass «hohes chronologisches Alter als Zeichen göttlichen Segens zu sehen, aufgrund des schon in der Antike stark kritisierten Tun-Ergehens-Zusammenhanges heute nicht mehr vertretbar [ist]».[45]

43 RAHNER, Vom Alter, 73.

44 DITTMAN-KOHLI, Sinngebung, 160.

45 ERNST, Segen, 235.

Eine andere, eher populäre Interpretationsmöglichkeit geht davon aus, dass hohes Alter das Resultat einer evolutionären Entwicklung der Natur ist und insofern auch wieder ein Schicksal, das uns ungefragt und ohne unser Zutun widerfährt. Demgegenüber besteht heute aber Einigkeit darin, dass die Biologie keine Freundin des Alters ist.[46] Der Evolution ist hohes Alter gleichgültig.[47] Einfach ‹von Natur aus› wäre die menschliche Lebenserwartung wesentlich kürzer als sie es heute faktisch ist.

Realistischerweise muss man anerkennen, dass Langlebigkeit und damit auch das Phänomen Hochaltrigkeit, wie wir es heute kennen, eine zivilisatorische Errungenschaft darstellt, die die Menschheit durch Kultur der Natur abgetrotzt hat.[48] Das ist die dritte Interpretationsmöglichkeit, an der wir heute nicht vorbeikommen, wenn wir über den Sinn des hohen Alters sprechen. Wir Menschen haben unser Leben selbst durch zivilisatorische Bemühungen verlängert und tun es laufend weiter, mit grossem wissenschaftlichem und medizinischem Aufwand.[49] Das bedeutet, dass die Frage nach dem Sinn heutiger Hochaltrigkeit auch in theologischer Hinsicht nicht einfach mit einem simplen Rückgriff auf biblische Deutungen oder na-

---

46 So Paul B. Baltes, Hoffnung mit Trauerflor.

47 Baltes, Das hohe Alter, 17.

48 Darauf, dass unsere Gesellschaft die gestiegene Lebenserwartung dem zivilisatorischen Fortschritt (nicht irgendeinem göttlichen Willen) verdankt, verweist auch Ulrich H. J. Körtner, Frailty, 118. Der vierte deutsche Altersbericht ergänzt diese Sicht mit dem Hinweis, eine hohe Lebenserwartung sei deswegen noch lange nicht etwas Unnatürliches, sondern biologisch als Möglichkeit in der menschlichen Natur angelegt (BFSFJ, Vierter Bericht zur Lage der älteren Generation, 347).

49 Eckart Reinmuth weist darauf hin, dass Menschen damit faktisch dem Jesuswort aus Mt 6,27 («Wer von euch vermag durch Sorgen seiner Lebenszeit auch nur eine Elle hinzuzufügen?») widersprochen haben (Kulturelle Konstruktion des Alters, 149). Menschliche Sorge um die Verbesserung der Lebensbedingungen ist, wie wir heute wissen, sehr wohl in der Lage, dem Leben weit mehr als bloss eine Elle hinzuzufügen!

türliche Entwicklung beantwortet werden kann. Und ein Argument wie das oben erwähnte von Karl Rahner, demzufolge ein hohes Alter, wenn es einem heute beschieden ist, einfach als Wille Gottes angenommen werden müsse, vermag die heutige Wirklichkeit von Langlebigkeit bzw. Hochaltrigkeit in keiner Weise mehr adäquat zu interpretieren.

Ähnliches gilt etwa im Blick auf die Stossrichtung der Broschüre, mit der die Projektgruppe «Altern quer gedacht» ein neues Verständnis der Altersseelsorge anstossen will, wenn darin gefragt wird, «was Gott durch gebrechliche alte Menschen sagen möchte».[50] Gott ist nicht Urheber und verantwortlich für unsere modernen Formen von Hochaltrigkeit mit all ihren Begleiterscheinungen. Es scheint darum theologisch zumindest missverständlich, davon auszugehen, dass Gott beabsichtige, uns durch hochaltrige Menschen etwas Besonderes zu sagen und dass im Vermitteln dieser Botschaft der theologische Sinn von Hochaltrigkeit zu finden sei.

Hohes Alter ist heute wahrzunehmen als eine menschlich-zivilisatorische Errungenschaft, deren Realisierung (naturwissenschaftlich gesprochen) in der Natur angelegt ist und (theologisch gesprochen) von Gott dem Menschen als Freiheit zugestanden wird. Die Verantwortung dafür, dieses Leben in einer Zivilisation der Langlebigkeit sinnvoll zu gestalten, trägt der Mensch. «Altern ist eine Aufgabe, die es zu meistern gilt.»[51] Dazu gehört auch die Aufgabe, Chancen und Herausforderungen des hohen Alters so wahrzunehmen, dass sich daraus irdisch-weltliche «Sinnelemente», Möglichkeiten des Erlebens von Sinn ergeben[52], die auch dieses vierte Lebensalter als genu-

---

50 Projektgruppe «Altern quer gedacht», 5.

51 Ernst, Segen, 235. Paul B. Baltes versteht das hohe Alter als «das letzte Abenteuer des Lebens», das in Würde durchzustehen er als eine der grossen Herausforderungen des 21. Jahrhunderts ansieht (in: Schäfer, Zuckerschlecken, 44).

52 Leopold Rosenmayr schreibt: «Man muss Sinnelemente ‹sammeln› […]. Sinnstützung oder Möglichkeiten des Sinnerlebens muss man suchen»

in menschliche Entwicklung bejahenswert machen.[53] Insofern gewinnt die Sinnfrage im hohen Alter eine besondere Relevanz und Dringlichkeit, zumal im Alter frühere Quellen möglicher Sinnerfahrung zum Beispiel durch Beziehungen, Aktivitäten, anerkannte soziale Rollen oder Funktionsfähigkeit der verschiedenen Sinne wegfallen können.[54]

(Entwicklungen, 320). Und Alfons Auer sieht in der verlängerten Lebenszeit und der damit zum weit verbreiteten Normalfall gewordenen Erfahrung eines Lebens in Hochaltrigkeit die moralische Forderung impliziert, mit diesem Mehr an Lebenszeit auch «sinnvoll, d. h. Lebenssinn generierend umzugehen» (Geglücktes Altern, 136).

53 Rentsch/Vollmann, Sinn des Alterns, 174f.

54 Sprakties, Sinnorientierte Altenseelsorge, 9.14.

4.

Sinnfindung im hohen Alter

4.1 Sinnfindung als Aufgabe und Chance des hohen Alters

Nach Ansicht von Peter Gross nimmt der Sinnbedarf mit zunehmendem Alter zu[1] und spitzt sich in der Phase der Hochaltrigkeit auf die Frage zu, was denn der Sinn des Lebens angesichts der zunehmenden, mit dieser Lebensphase assoziierten Schwächen und Defizite sei. Es geht, pointiert ausgedrückt, um die Frage nach einer «Sinngebung der Schwäche». Denn es sind gerade die Defizite im Alter und die Erfahrungen von Verlusten und Endlichkeit, die die Sinnfrage besonders virulent werden lassen. «Das ist die drängende und zentrale Frage. Man kann sich ihr nicht entziehen, wenn man älter wird.»[2] Dabei soll natürlich nicht übersehen werden, dass auch im Blick auf die Hochaltrigkeit von einer Gleichzeitigkeit von Entwicklungspotenzialen und Verletzlichkeit auszugehen ist, wobei etwas vom Spezifischen dieser Lebensphase aber darin liegen dürfte, dass, wie Andreas Kruse festhält, Entwicklungspotenziale gerade *in* der Verletzlichkeit des Lebens erkennbar werden.[3]

Es spricht vieles dafür, dass Sinnfindung unter den spezifischen Bedingungen von Hochaltrigkeit anspruchsvoller und mühsamer ist als in früheren Lebensphasen, zumal im postmodernen kulturellen Kontext, in dem der letzten Lebensphase jede Bedeutung abgesprochen wird.[4] Leopold Rosenmayr empfindet – selber schon 78-jährig – das Bemühen um Sinnfindung

---

1 Gross, Wir werden älter, 76. Auch Mark Schweda macht für die sich zeitlich ausdehnende und ausdifferenzierende Altersphase höhere Sinnerwartungen und einen steigenden Bedarf an erfüllenden Lebensperspektiven aus (Ein Jegliches hat seine Zeit, 214).

2 Gross, Wir werden älter, 10.12.

3 Kruse, Grenzgänge im Alter, 20.

4 «The distinctive stance of postmodern culture tends to preclude finding any special meaning or purpose for the last stage of life» (Moody, Aging, 116f.).

im höheren Alter als «Wege voller Mühe und teils auch voller Enttäuschungen».[5] Und Alfons AUER, seinerseits schon im Alter von 80 Jahren, spricht als Ethiker von einem «dem Altern als ethisches Implikat innewohnenden, aber oft verhüllten und der Schwerfälligkeit des Daseins nur in kargen Portionen abzuringenden Sinn».[6] Nach ROSENMAYR hängt diese Mühe u. a. damit zusammen, dass wir uns im Blick auf unser Alter – anders als im Blick auf andere Lebensphasen – nie ganz aus einer gewissen Ambivalenz befreien können. Angst vor dem Alter hat teil an der menschlichen Urangst vor Hilflosigkeit und Tod, also vor der Endlichkeit. Ein lebensdienliches Verhältnis zur eigenen Endlichkeit zu finden, ist nach ROSENMAYR eine Daueraufgabe des Menschen, und zwar eine, die nie ganz gelingt,[7] die aber im hohen Alter eine besondere Dringlichkeit gewinnt.

Moderne Lebenslaufforschung geht davon aus, dass eine menschliche Biografie Identität entwickelt in der Aufeinanderfolge und gegenseitigen Bezogenheit unterschiedlicher Lebensphasen mit je eigenen Möglichkeiten, Grenzen und Herausforderungen. Alle diese Phasen sind als gleichwertig und gleich wichtig zu betrachten, keine kann Massstab sein für die anderen, jede Phase hat ihr eigenes Recht und ihre eigene Bedeutung.[8] Thomas RENTSCH und Morris VOLLMANN ziehen daraus den Schluss, dass jedem Lebensalter auch eigene, spezifische Sinnentwürfe und Perspektivenwechsel zukommen.[9] Das Alter, auch das hohe Alter mit seinen spezifischen Erfahrungen und Herausforderungen, kann so als Chance zur Erschliessung spezifischer Sinndimensionen begriffen werden, die jüngeren Personen nicht in gleicher Weise zugänglich sind.[10]

---

5 ROSENMAYR, Entwicklungen, 320.

6 AUER, Geglücktes Altern, 252.

7 ROSENMAYR, Die Kräfte des Alters, 68.70.

8 KRUSE/WAHL, Lebenslaufforschung, 19f.

9 RENTSCH/VOLLMANN, Sinn des Alterns, 165.

10 RENTSCH, Das Altern und die Zeitlichkeit, 264.

Einer, der das schon vor dem Aufkommen gerontologischer Forschung klar erkannt hat, ist Hermann Hesse. Er schreibt: «Das Greisenalter ist eine Stufe unseres Lebens und hat wie alle andern Lebensstufen ein eigenes Gesicht, eine eigene Atmosphäre und Temperatur, eigene Freuden und Nöte. […] Altsein ist eine ebenso schöne und heilige Aufgabe wie Jungsein […] – vorausgesetzt, dass sie mit Ehrfurcht vor dem Sinn und der Heiligkeit alles Lebens vollzogen wird.»[11]

Von daher ist die Frage zu stellen, aus was für Elementen sich spezifische Sinnentwürfe oder Sinnperspektiven in der Phase der Hochaltrigkeit ergeben können. Die in den folgenden Kapiteln zu beschreibenden Aspekte sind Möglichkeiten solcher Sinnfindung im hohen Alter; es sind Beispiele, die alte Menschen selbst in Geschichte und Gegenwart immer wieder als Sinn stiftend erkannt haben. Das heisst aber nicht, dass alle Elemente für alle hochaltrigen Menschen gleichermassen von Bedeutung sind oder gar sein müssten. Es sei hier nochmals hervorgehoben, was bereits früher gesagt wurde: Sinnentwürfe sind in hohem Masse individuell, stellen einen höchst subjektiven Sachverhalt dar.[12] Dennoch lassen sich aus der Vielfalt individueller Sinnentwürfe grundlegende Elemente benennen, die einzelne Individuen übergreifend und insofern ein Stück weit verallgemeinerbar als Möglichkeiten der Sinnfindung im hohen Alter bezeichnet werden können.

4.2 Annahme des hohen Alters als Voraussetzung von Sinnfindung

Voraussetzung aller Sinnfindung im Alter ist zweifellos die Bereitschaft, den Prozess des Alterns und die Lebensphase der Hochaltrigkeit zu akzeptieren. Hermann Hesse hat das wun-

11 Hesse, Eigensinn, 203.
12 Thomae, Sinnerfahrung, 178.

derbar formuliert: «Um als Alter seinen Sinn zu erfüllen und seiner Aufgabe gerecht zu werden, muss man mit dem Alter und allem, was es mit sich bringt, einverstanden sein. Man muss Ja dazu sagen. Ohne dieses Ja [...] geht uns der Wert und Sinn unsrer Tage [...] verloren.»[13] Ja zu sagen zum eigenen Altern und Alter ist die Voraussetzung eines (selbst)bewussten Alterns,[14] das als sinnvoll erlebt werden kann.

Ein solches Ja-Sagen zum hohen Alter ist aus verschiedenen Gründen heute nicht einfach: einmal wegen der objektiven Belastungen, die Hochaltrigkeit in physischer, psychischer und sozialer Hinsicht mit sich bringen kann; sodann wegen der Abwertung, die v. a. das hohe Alter in einer ganz auf Jugendlichkeit ausgerichteten Kultur gesellschaftlich erfährt. James Hillman sagt es sehr direkt: «Je länger wir leben, desto weniger sind wir wert.»[15] Und eine globale Bewegung des Anti-Aging breitet sich aus unter dem Motto *forever young* – nur nicht alt werden, sondern immer jung bleiben! Unzählige Angebote fordern Menschen dazu auf, etwas gegen ihr Altern zu unternehmen oder mindestens die sichtbaren Zeichen des Alters zu kaschieren. Norm für erstrebenswertes Menschsein ist die Lebensphase des jungen Erwachsenen, der gegenüber reales Altsein als defizitäre Schwundstufe vollen Menschseins erscheint. Ja zu sagen zum Alter ist in einem solchen Kontext nicht einfach,[16] sondern braucht die Kraft und den Mut zum

---

13 Hesse, Eigensinn, 203.

14 Gertrud M. Backes bezeichnet «bewusstes Altern» als eine von vier klassischen «Ideologien des Alters»; die andern sind «erfolgreiches Altern», «produktives Altern» und «solidarisches Altern». Diese Perspektiven schliessen sich gegenseitig nicht aus, setzen aber je unterschiedliche Akzente im Blick auf das, was für ein erfülltes, sinnvolles Altern wichtig ist (Potenziale des Alter[n]s, 88).

15 Hillman, Vom Sinn des langen Lebens, 52. In diesem Sinne ist der Prozess des Alterns als solcher für viele eine narzisstische Kränkung (Schenk, Der Altersangst-Komplex, 194).

16 In dieser Perspektive ist die auch in Europa zu beobachtende Ausbreitung einer Anti-Aging-Medizin innerhalb der herkömmlichen Schul-

Nonkonformismus. Es braucht die Freiheit, gegen die zum Teil subtilen, zum Teil intensiven Einflüsterungen des Anti-Aging eine Haltung des Pro-Aging einzunehmen,[17] der die elementare Einsicht zugrunde liegt, «dass die Anerkennung bzw. Aneigung einer Realität die Voraussetzung ihrer Gestaltung ist».[18]

Seelsorge in der Begleitung hochaltriger Menschen hat wesentlich zum Ziel, sie darin zu ermutigen, Altsein in einer Haltung des Pro-Aging zu bejahen und sich bewusst darauf einzulassen, um seine Chancen – auch im Entdecken von Sinnelementen – wahrzunehmen, seine Herausforderungen anzunehmen und so in verantwortlicher Gestaltung dieser Lebensphase zu dem zu gelangen, was man eine Lebenskunst des Alter(n)s, eine *ars senescendi,* nennen kann.[19] Giovanni Maio hat mit Recht darauf hingewiesen, dass es bei der Entwicklung einer solchen das hohe Alter bejahenden Haltung und einer Haltung, die bereit ist, es zu gestalten, manchmal nötig ist, jemanden als Gesprächspartner zu haben, der oder die einem dabei hilft, dieses Ja zum Alter zu sagen[20] und seine Sinnelemente zu entdecken. Solches Bejahen ist umso wichtiger, als die Ne-

medizin kritisch zu reflektieren. Giovanni Maio hält fest: «Je mehr die Medizin das Alter als einen Feind betrachtet, den es zu bekämpfen gilt, desto schwerer wird es, zu altern» (Medizin ohne Mass?, 146). Und Julie Henry und Sarah Carvallo ist zuzustimmen: «If medicine assigns itself the task of combatting the process of ageing [...], it gives the process a negative connotation. It therefore does nothing to resolve the question oft he meaning of old age, because it merely postpones it or denies it» (From the principle of Autonomy, 250).

17 Rüegger, Pro Aging.

18 Rieger, Zwischen Alterslob und Altersklage, 141. In die gleiche Richtung weist die Aussage von Giovanni Maio, das Zulassen des Alters sei «eine Grundbedingung dafür, das Alter nicht nur zu bewältigen, sondern auch die Potentiale des Altseins neu zu entdecken» (Vom Sinn des Alters, 18).

19 Darin liegt – neben einer mehr kerygmatischen und einer mehr therapeutischen – eine eminent wichtige lebensweisheitlich-philosophische Funktion von Seelsorge mit alten Menschen (Rüegger, Altern im Spannungsfeld, 148f.160–182).

20 Maio, Wenn das Annehmen wichtiger wird, 77.

gation des Alters, zu der manche Tendenzen des Anti-Aging verführen können, immer auch ein Stück Negation von Humanität bedeutet[21] und damit einer Sinnfindung im hohen Alter im Wege steht.

4.3 Sinn *des* hohen Alters oder Sinn *im* hohen Alter?

Sinnfindung im hohen Alter kann sich in verschiedenen zeitlichen Horizonten vollziehen, die in den folgenden Kapiteln einzeln besprochen werden sollen: im Blick auf die *vergangene* bisherige Lebenszeit und das Bedürfnis, in ihr so etwas wie einen roten Sinnfaden zu entdecken, der es erleichtert, die eigene Biografie und die in ihrem Verlauf gewonnene Identität anzunehmen und zu bejahen (Kap. 5); im Blick auf Erfahrungen, die die *aktuelle* Situation als gut und bejahenswert erscheinen lassen (Kap. 6); im Blick auf die noch verbleibende *künftige* Lebenszeit und mögliche Hoffnungen und Ziele, die mit ihr verbunden werden (Kap. 7+8).

Dabei ist zu unterscheiden zwischen Vorstellungen von einem Sinn *des* hohen Alters bzw. von Langlebigkeit generell und konkreten Erfahrungen von Sinn *im* Alter. Letztere sind durchaus unabhängig von Ersteren[22] und dürften aufs Ganze gesehen bestimmender sein für lebensrelevante Sinnperspektiven.

Erfahrungen von Sinn *im* Alter, wie sie sich in ganz elementaren Lebensvollzügen einstellen können (etwa beim Hören schöner Musik, bei einem kulinarischen Genuss, beim Verspüren der wärmenden Sonne auf der Haut, bei einem guten Gespräch) sind meist präreflexiv, tragen aber auf der affektiven Ebene wesentlich zur Lebenszufriedenheit und zur Erfahrung von Glück bei. Sie geben eine (oft implizite) Antwort auf das

---

21 Rendtorff, Ethik, 239.

22 Wilhelm Schmid hält fest: «Sogar dann, wenn das Leben *an sich* keinen Sinn haben sollte, ist es möglich, vielfachen Sinn *im Leben* zu finden» (Dem Leben Sinn geben, 388).

Sinnbedürfnis in Hinblick auf den aktuellen, gegenwärtigen Zeithorizont.

Konzepte im Blick auf die Frage nach dem Sinn *des* hohen Alters oder eines langen Lebens setzen ein relativ hohes Mass an Reflektiertheit voraus und dürften lebenspraktisch weniger relevant sein. Sie fokussieren auf Fragestellungen eher grundsätzlich wissenschaftlicher Natur (z. B. aus den Bereichen der Soziologie, der Psychologie, der Philosophie, der Theologie oder der Kulturwissenschaften) und kommen dort ins Spiel, wo Menschen sich bewusst um eine Lebenskunst des Alter(n)s bemühen – was wohl nur bei einer kleinen Minderheit der alten Menschen der Fall ist.

Nach Thomas Rentsch wäre es ein Missverständnis, alle menschliche Praxis in Richtung auf ein Endziel – etwa das Glück schlechthin – zu instrumentalisieren und zu funktionalisieren, weil dies die vielen sinnvollen Formen gelingenden Lebens vergleichgültigen würde.[23] Auf die Sinnfrage bezogen würde das bedeuten, die zahlreichen situativen, alltäglich-basalen Erfahrungen von Sinn *im* Leben auch im Alter nicht bloss von ihrer Funktion im Rahmen eines übergreifenden Konzeptes vom Sinn *des* hohen Alters für eine Gesamtbiografie oder für die Gesellschaft her zu gewichten,[24] sondern sie als «Sinnele-

---

23 Rentsch, Altern als Werden zu sich selbst, 191. Auch Freya Dittmann-Kohli betont: «Manche Menschen entwickeln eine einzelne, umfassende Idee von einem übergreifenden positiven Lebenssinn, z. B. einer Aufgabe. Positiver Sinn kann aber auch gefunden werden […] in den kleineren und grösseren Freuden des Alltags» (Sinngebung im Alter, 148).

24 Odo Marquard kritisiert eine Haltung, die die «‹kleinen› Sinnantworten» verachtet, die alltägliche Aufgaben, Verrichtungen oder Konventionen zu geben vermögen und die Menschen daran hindern, am Leben zu verzweifeln. Marquard ist vielmehr überzeugt: «Dieser kleine Sinn reicht aus, um ein Leben zu führen, und die grossen Sonntagsgefühle […] sind allenfalls dona superaddita: […] es geht auch ohne sie.» Denn «die Antwort auf die Lebenssinnfrage hängt mehr an den nächsten Dingen als an den letzten» (Zur Diätetik der Sinnerwartung, 48f.).

mente» (Leopold Rosenmayr) eigener Bedeutsamkeit für das Leben im Alter zu würdigen.

Aus christlich-theologischer Sicht kommt hohem Alter *per se*, als spezifischer Lebensphase, keine besondere theologische oder spirituelle Bedeutung oder Sinnhaftigkeit zu. Das Erreichen von Hochaltrigkeit und Langlebigkeit an und für sich ist aus christlicher Sicht kein erstrebenswertes Ziel. Spezifische Aufgaben von alten Menschen, die im Alten Testament zum Teil anklingen, etwa das Beraten und Urteilen im Ältestenrat[25] oder das Bezeugen und Überliefern von Glaubenserfahrungen[26], sind im heutigen Kontext sowohl gesellschaftlichen als auch kirchlichen Lebens nur noch beschränkt Funktionen, die wahrzunehmen jüngere Generationen von der Generation der Hochaltrigen erwarten würden. Schon gar nicht mehr kann ein langes Leben als Erweis besonderen göttlichen Segens verstanden werden.[27] Einen spezifischen Sinn und eine spezielle Aufgabe *des* hohen Alters gibt es insofern in theologischer Perspektive nicht. Die Verheissungen des christlichen Glaubens und die Idealbilder eines fruchtbaren, gesegneten Lebens aus Gott sind altersindifferent.[28]

Wohl aber kann es Menschen – in Analogie zum alttestamentlichen Motiv des Lebenssatt-Werdens – sinnvoll und wünschenswert erscheinen, durch ein möglichst langes Leben einen möglichst hohen Grad an Lebens-Sättigung für sich zu erreichen. Und solange der alltägliche Lebensvollzug selbst angesichts zunehmender altersbedingter Verluste und Beschwerden insgesamt noch immer als beglückend und lebenssättigend erfahren wird, findet die Frage nach der lebenspraktischen Sinn-

---

25 Vgl. Ernst, Segen, 227.

26 So sieht es z. B. Ps 71,18 als Aufgabe des Alters an, Gottes Wirken den nachfolgenden Generationen zu verkünden. Vgl. zur Aufgabe der Glaubensvermittlung durch Ältere an Jüngere Klopfenstein, Die Stellung des alten Menschen, 269.

27 Ernst, Segen, 235.

28 Kirchenamt der EKD, Im Alter neu werden können, 39.

findung *im* hohen Alter eine subjektiv durchaus befriedigende Antwort. Sie braucht zu ihrer Evidenz keine umfassenden, auf eine noch ausstehende Zukunft gerichteten theologischen oder philosophischen Sinn- und Lebenszielentwürfe.

Allerdings stellt sich aus theologischer Sicht die Herausforderung, das Phänomen eines heute zum Normalfall gewordenen langen Lebens und hohen Alters als Chance und Aufgabe wahrzunehmen und sein Potenzial zu entfalten:[29]

- etwa in Analogie zum paulinischen Charisma-Verständnis,[30] demzufolge jede Begabung, die ein Gemeindeglied bekommen hat, so gelebt und fruchtbar gemacht werden soll, dass sich in ihr der schöpferische Geist Gottes manifestieren kann und sie zum Wohl der ganzen Gemeinde und all ihrer Glieder gereicht;

- im Sinne des Gleichnisses Jesu von den anvertrauten Talenten,[31] das dazu auffordert, empfangene Ressourcen so kreativ einzusetzen, dass ihr Potenzial möglichst reich entfaltet wird;

- nach der Empfehlung Kohelets,[32] das Leben bis zuletzt auszukosten, es zu geniessen und das zu tun, was einem möglich ist;

- oder im Sinne der apostolischen Aufforderung, die Zeit (den kairos) mit ihren spezifischen Möglichkeiten auszukaufen.[33]

---

29 Das deckt sich mit der philosophischen Einsicht von Wilhelm Schmid, wonach «der Sinn des Lebens die volle Entfaltung des Lebens ist» (Dem Leben Sinn geben, 394).

30 Röm 12,6–8; 1Kor 12,4–11.

31 Mt 25,14–30.

32 Koh 9,7–10.

33 Eph 5,16; Kol 4,5 – an beiden Stellen geht es vom Zusammenhang

In solcher Perspektive können die in den folgenden Kapiteln darzustellenden Elemente von Sinn *im* hohen Alter dann doch auch in ihrem Miteinander so etwas wie eine Kontur eines möglichen Sinns *des* hohen Alters abgeben.

---

her um eine Aufforderung zu weiser Lebensführung, die die spezifischen Chancen einer bestimmten Situation wahrnimmt und ihre Möglichkeiten ausschöpft (Schweizer, Kolosser, 173).

5. Retrospektive Sinndeutung im Blick auf die eigene Biografie

Eine existenziell wesentliche Suche nach Sinn vollzieht sich im hohen Alter in der Retrospektive auf die eigene Lebensgeschichte. Andreas Kruse sieht darin die zentrale psychische Entwicklungsaufgabe des Alters.[1] Er greift dabei auf das entwicklungspsychologische Stufenmodell von Erik H. Erikson zurück, nach dem die entscheidende psychische Herausforderung des höheren Alters darin besteht, das eigene bisherige Leben mit all seinen Höhen und Tiefen, seinen Licht- und Schattenseiten als unauslöschbar zur eigenen Identität gehörig anzunehmen und zu bejahen. Zu bejahen in einer Haltung, die Erikson als Ich-Integrität bezeichnet, im Unterschied zu einer Haltung der Verzweiflung oder des Ekels im Sinne von Lebensüberdruss.[2] ‹Annehmen› und ‹bejahen› meint in diesem Falle nicht ‹gutheissen› oder ‹rechtfertigen›, sondern anerkennen, dass meine Lebensgeschichte nun einmal so verlaufen ist, wie sie verlaufen ist, und ich auf diesem Wege passiv (durch Schicksal und Fremdeinwirkungen) wie aktiv (durch eigenes Handeln und Entscheiden) die Persönlichkeit geworden bin, die ich nun einmal bin.[3]

Es ist für das Wohlbefinden und die Zufriedenheit eines Menschen im höheren Alter massgebend, ob es ihm gelingt, im biografischen Rückblick so etwas wie einen roten Sinnfaden zu erkennen, der seinem Leben Kohärenz und Identität vermittelt, und zwar in einer wertenden Deutung, die für ihn selber in der Gegenwart stimmig, das heisst sinnvoll ist. Ein solcher biografischer Rückblick ist nie bloss objektiv-neutrale Rekapitulation historischer Fakten, sondern immer subjektive Interpretation, ja «Neuinterpretation» oder «Neugestaltung»[4] der

1 Kruse, Chancen und Grenzen, 445.

2 Erikson, Identität und Lebenszyklus, 118–120.

3 Die Kritik von Gerhard Sauter, die Sinnfrage ziele grundsätzlich «auf die Rechtfertigung dessen, was geschieht, und zwar: wie es geschieht», ist in dieser Pauschalisierung fragwürdig (Was heisst: nach Sinn fragen?, 27).

4 So die beiden Schlüsselbegriffe bei Karl Rahner, Grundverständnis des Alters, 319.

eigenen Vergangenheit und insofern schöpferische, Identität und Sinn generierende Aktivität der betroffenen Person.[5] Sinnhaftigkeit bedeutet dabei, «eine in sich und für sich stimmige und kohärente Aneignungsgeschichte [des eigenen bisherigen Lebens, H. R.] zu schreiben»,[6] eine Geschichte, die selbstkritische Auseinandersetzung mit fragwürdigen Aspekten eigenen Handelns, konstruktive Verarbeitung von (und allenfalls sogar Versöhnung mit) Erfahrung eigener Verletzungen durch Dritte sowie Dankbarkeit für Gelungenes und vielfältig Empfangenes beinhalten kann. Solche Rekonstruktion der eigenen Biografie vergegenwärtigt den Reichtum gelebten Lebens und trägt so dazu bei, im Alter «lebenssatt» zu werden, wie es im Alten Testament von einigen Patriarchen heisst. Lebenssättigung ist eine klassische biblische Vorstellung von Sinnhaftigkeit des Lebens; sie ist getragen von dem Gefühl, im Leben beschenkt worden zu sein, viele seiner Möglichkeiten ausgekostet und ein Leben geführt zu haben, das es subjektiv wert war, gelebt zu werden.[7]

Nach Werner Kramer liegt der Sinn des Alters in christlich-theologischer Sicht wesentlich in solchem Lebenssatt-Werden. Er präzisiert: «Lebenssatt-Werden zielt nicht auf billiges Glück, sondern hat etwas zu tun mit dem Annehmen seines

---

5 Bei diesem Prozess der Neuinterpretation der eigenen Biografie wird besonders deutlich, wie sehr Sinnfindung als Entdeckung von in der Wirklichkeit vorgegebenen Sinnspuren einerseits und Sinngenerierung als aktives Sinnstiften durch die betroffene Person andrerseits ineinander verwoben sind.

6 Bozzaro, Leiden an der verrinnenden Zeit, 183. Dem entspricht es, wenn Mark Schweda in einer philosophisch-psychologischen Perspektive darauf hinweist, dass biografische Sinnfiguren nicht einfach objektiv vorgegeben sind, sondern «durch das Individuum selbst angesichts lebensgeschichtlicher Diskontinuitäten […] immer neu herzustellen sind» (Ein Jegliches hat seine Zeit, 216).

7 Damit wird auch deutlich, «dass Sinn-Erfüllung im Alter bereits Sinn-Erfüllung im Leben voraus setzt» (Mahs, Glückliches Alter[n], 454). Zum Lebenssatt-Werden als Aspekt einer *ars senescendi* vgl. Rüegger, Altern im Spannungsfeld, 162f.

Lebens mit Höhen und Tiefen, mit Dankbarkeit, mit Bejahung dessen, was war.»[8] Während KRAMER das Lebenssatt-Werden als Aufgabe innerhalb der Lebensphase Alter in spezieller Weise der dritten Lebensphase, also dem jungen Alter zuweist, dürfte es durch das Entwerfen einer Aneignungsgeschichte des eigenen Lebens auch ein wichtiges Thema für die vierte Lebensphase des hohen Alters sein, in dem es wesentlich um das Annehmen des gelebten Lebens geht.[9]

Zwei Gesichtspunkte sind im Umgang mit der Frage nach dem Sinn eines konkreten Lebens in retrospektiver Perspektive zu beachten. Zum einen: Entgegen einer weit verbreiteten Vorstellung, das Leben müsse sich idealerweise im hohen Alter zu einem letzten Ganzen runden, in dem alles, was war, an einem klaren roten Sinnfaden aufgereiht und miteinander harmonisch verbunden werden kann, gehört zu einer hilfreichen Sinnfindung auf dem Weg der Lebensbilanzierung auch die Fähigkeit, Brüche, Diskontinuitäten und Misslungenes einzugestehen, anzunehmen und auszuhalten. Sinnperspektiven im Rückblick auf das Lebensganze sind umso lebensdienlicher, je mehr sie in der Lage sind, die eigene Lebensgeschichte als insgesamt ‹stimmig› und bejahbar zu deuten, ohne ihre Ambivalenz und Brüchigkeit verdrängen oder wegretouchieren zu müssen. Thomas RENTSCH gibt allerdings zu bedenken: «Wie es möglich wird, auch mit dem misslungenen und gescheiterten Leben fertig zu werden, es anzunehmen und es dennoch als Geschenk zu begreifen, diese Sinnfrage weist in eine religiöse Dimension, in eine Perspektive letzten Trostes und letzter Klärung.»[10] Diese Perspektive kann sich etwa in der theologischen Einsicht der Rechtfertigung des fragwürdigen und versagenden Menschen durch Gottes freie Gnade erschliessen, die Vergebung schenkt und neue Identität vermittelt. Eine solche

---

8 KRAMER, Spirituelle Ziele im Alter, 127.

9 A. a. O., 133f.

10 RENTSCH, Das Altern und die Zeitlichkeit, 283.

Perspektive dürfte sich als befreiend erweisen im Umgang mit der Sinnfrage im Rückblick auf das bisherige Leben.

Zum andern: Hinsichtlich einer retrospektiven Sinndeutung im Blick auf die eigene Lebensgeschichte gilt in besonderer Weise, was oben unter dem Gesichtspunkt der Relativierung der Sinnfrage gesagt wurde. Menschliche Sinnkonstrukte haben notwendigerweise etwas Relatives, ‹Vorletztes› (Dietrich Bonhoeffer) an sich. Denn für eine umfassende Lebensbilanzierung, für ein letztes Urteil über den Sinngehalt eines Lebens wäre eine Welt- und Selbsterkenntnis vonnöten, die gleichsam aus einer göttlichen Sicht alle Zusammenhänge, Motive und Auswirkungen menschlichen Handelns und Lebens überblicken müsste. Eine solche Perspektive ist aber, wie Gerhard Sauter zu Recht unterstreicht, Menschen unerschwinglich.[11] Darum wird christlicher Glaube menschliche Sinnperspektiven nie als abschliessendes, «letztes» Urteil über den Wert eines Lebens verstehen, sondern als «vorletzte», fehlbare Versuche, menschliches Leben in seiner Bedeutung für die eigene Identität zu verstehen.

Eine Schlüsselfunktion für hilfreiche Sinnfindung im Horizont der Retrospektive kommt der Haltung der Dankbarkeit zu. Dies gilt sowohl in theologischer als auch in psychologischer Hinsicht. Wer Grund findet, für sein zurückliegendes Leben dankbar zu sein, wird sich als beschenkt erfahren, hat Anlass, sich zu freuen, gelangt zu einem erhöhten Wohlbefinden und wird im Vollzug dankbaren Erinnerns lebenssatt.

In Ps 103 fordert der Psalmbeter sich dazu auf, Gott zu loben, indem er sich an das Gute erinnert, das ihm in seinem Leben widerfahren ist: «Lobe den Herrn, meine Seele, und vergiss nicht, was er dir Gutes getan hat» (Ps 103,2). Zu diesem Guten gehört einerseits, dass Gott «all deine Schuld vergibt»; andrerseits wird darauf hingewiesen, dass Gott «dich mit Gutem sättigt dein Leben lang» (Ps 103,5). Das ist nicht spezifisch

11 Sauter, Das verborgene Leben, 302.

im Blick auf das Alter gesagt, dürfte aber für die Sinnsuche im hohen Alter, in dem das Bemühen um Sinnfindung im Lebensrückblick besonderes Gewicht bekommt, von ganz besonderer Bedeutung sein. Nach der Spur des Guten zu suchen, das ein Leben reich gemacht und Lebenshunger gestillt hat, das Grund ist zu tiefer Dankbarkeit für das Geschenk des Lebens und das sich im zu Gott hin gewendeten Loben als Ausdruck von Lebensfreude äussert,[12] das ist ein zentraler Zug von Sinnfindung in biblischer und theologischer Perspektive. In der Haltung der Dankbarkeit, die ins Loben führt, macht der nach Sinn suchende Mensch damit Ernst, dass er letztlich als «doxologische Existenz» geschaffen ist,[13] als Mensch, der zum Gotteslob bestimmt ist.[14]

---

12 Nach Claus Westermann ist Loben im alttestamentlichen Sinn zu Gott hin gewandte Lebensfreude (Theologie des Alten Testaments, 22.145).

13 Sauter, Das verborgene Leben, 43.

14 Wolff, Anthropologie, 328–330.

6.

Sinnfindung durch alltägliches Glück

Im Unterschied zu der stärker reflexiv sich darstellenden Frage nach so etwas wie einem roten Sinnfaden in der eigenen Lebensgeschichte ergeben sich Erfahrungen von Sinnhaftigkeit des aktuellen Lebens für Menschen im hohen Alter meist eher in präreflexiver Gestalt durch alltägliche, aktuelle Erfahrungen von Glück.[1] Insofern können auch Menschen, die von kognitiven Einschränkungen etwa demenzieller Art betroffen sind, durchaus so etwas wie Sinn erfahren.[2] Es kann sogar sein, dass die Suche nach *dem* übergreifenden Sinn *des* Lebens oder *des* hohen Alters den Sinn für die Sinnhaftigkeit unseres konkreten Lebens in der Gegenwart schwächt.[3] Thomas Rentsch weist auf die sinnkonstitutive, Lebenserfüllung vermittelnde Bedeutung so banaler Lebensvollzüge wie essen, trinken, schlafen, hören und sehen hin: «Sie haben neben ihren tragenden Funktionen für weitere, komplexe Sinnentwürfe einen selbstzweckhaften, selbstgenügsamen Kern»,[4] der nicht erst dadurch bedeutsam wird, dass er explizit zu Bewusstsein gebracht wird. Alltägliches Handeln und Erleben trägt gerade in der Selbstverständlichkeit, in der es geschieht, seinen Sinn auf vielfache Weise in sich selber[5] und prägt so auf der motivationalen wie auf der affektiven Ebene unseren Lebensvollzug. Rentsch plädiert darum für eine «Rehabilitierung alltäglich-lebensweltlicher Sinn-

---

1 Freya Dittmann-Kohli betont: «Manche Menschen entwickeln eine einzelne, umfassende Idee von einem übergreifenden positiven Lebenssinn, z. B. einer Aufgabe. Positiver Sinn kann aber auch gefunden werden [...] in den kleineren und grösseren Freuden des Alltags» (Sinngebung im Alter, 148).

2 Vgl. hierzu die grundlegende Arbeit von Marion Bär, Sinn erleben.

3 Sauter, Das verborgene Leben, 113.

4 Rentsch, Altern als Werden zu sich selbst, 191. Dasselbe betont Odo Marquard mit seinem Hinweis auf die legitime Bedeutung «der ‹kleinen› Sinnantworten»: «Für Menschen – für uns alle – wird die Sinnfrage in der Regel nicht grundsätzlich, nicht prinzipiell entschieden, sondern sie wird [...] mitentschieden durch die Besorgung der nächsten Dinge; durch die Erledigung des Details» (Zur Diätetik der Sinnerwartung, 48.50).

5 Sauter, Was heisst: nach Sinn fragen?, 41.

entwürfe».[6] Sie sind im hohen Alter wohl entscheidend für die Frage, wie sinnvoll jemandem sein gegenwärtiges Leben (noch) erscheint und als wie erstrebenswert er oder sie die Fortsetzung des Lebens in bereits fortgeschrittenem Alter empfindet.

Wenn hier alltägliche Erfahrungen des Glücks, der Befriedigung und Erfüllung, vielleicht gar der Entwicklung neuer Einsichten und Einstellungen möglich sind oder wenn Erfahrungen liebevoller Zuwendung in tragenden Beziehungen gemacht werden, in denen sich Menschen gegenseitig etwas bedeuten, dann kann (Weiter-)Leben im hohen Alter selbst angesichts erheblicher Einschränkungen sinnvoll und wünschenswert erscheinen. Dabei geht es nicht um die Frage nach der Sinnhaftigkeit *des* hohen Alters als solchem, sondern um die viel basalere Frage nach Elementen alltäglicher Glücks- und Sinnerfahrung *im* konkreten Lebensvollzug des Alters, die man auch in Zukunft weiterhin machen möchte und machen zu können glaubt.[7] Oder mit Hans Thomaes Formulierung ausgedrückt: Es geht um die Erfahrung von Sinnhaftigkeit in dem Sinne, dass das «Dasein in einer je spezifischen Situation ‹stimmig› oder ‹bedeutungshaltig› wird» und das Gefühl vermittelt, eine Situation sei – auf welche Art und Weise auch immer – subjektiv angemessen.[8]

Die Empfänglichkeit für solche sinnkonstitutiven Erfahrungen alltäglichen Glücks ist bei hochaltrigen Menschen (wie bei Menschen jeden Alters) zweifellos unterschiedlich ausgeprägt, kann aber durch Einübung in eine Grundhaltung der Achtsamkeit gegenüber Erfahrungen, die einem zufallen, vertieft werden.[9] In diese Richtung weist auch die philosophische

---

6 Rentsch/Vollmann, Sinn des Alterns, 162.

7 Insofern weist Manfred Seitz zu Recht darauf hin, dass «der Wunsch, möglichst lang zu leben, immer mit Hoffnung verbunden [ist], mit der Hoffnung, in der verbleibenden Zeit Gutes zu erleben und zu verwirklichen» (Langes Leben, 104).

8 Thomae, Sinnerfahrung, 178f.181.

9 Die selbst schon 91-jährige Gerontologin Erika Horn schreibt im Blick

Maxime des *carpe diem* («geniesse den Tag») von Horaz.[10] In der biblischen Tradition klingt sie in ähnlicher Stossrichtung in der Weisheit des Kohelet an, die angesichts der Vergänglichkeit des Lebens und der Nichterkennbarkeit eines übergreifenden Lebenssinns zu konkreter Lebensfreude in alltäglichen Situationen aufruft: «Iss dein Brot mit Freude, und trink deinen Wein mit frohem Herzen; denn längst schon hat Gott dieses Tun gebilligt. Jederzeit seien deine Kleider weiss, und an Öl auf deinem Haupt soll es nicht fehlen. Geniesse das Leben mit einer Frau, die du liebst, all die Tage deines flüchtigen Lebens [...]. Was immer du zu tun vermagst, das tu.»[11]

Achtsamkeit im Blick auf Sinn generierende Erfahrungen wird nicht zuletzt vertieft durch die im vorangegangenen Kapitel thematisierte Grundhaltung der Dankbarkeit, die ein zentraler Inhalt biblischer Anleitung zu einer Lebenskunst ist. Gerade die Aufforderung zum Dank «für alle Dinge»[12] bzw. «in allem»[13] zielt auf Dankbarkeit als grundsätzliche Lebenshaltung gegenüber allem, was das Leben an Gaben, Möglichkeiten und Erfahrungen mit sich bringt. In einer solchen Haltung wird

---

auf gerontopsychologische Erkenntnisse, aber auch im Blick auf eigenes Erleben der Hochaltrigkeit: «Wir müssen uns bemühen um ein Offenbleiben auf Lebensfreuden hin, die sich leicht in dieser Lebensphase verdunkeln, verstellen, entziehen können. Und gerade in den sich verkleinernden Lebensräumen, im ‹schwindenden Dasein› werden die ganz einfachen Lebensfreuden noch intensiver, noch tröstlicher. Etwa das Stück Wiese vor dem Haus und ihr tiefes Grün, der Duft der Rosen, eine Grusskarte der jüngsten Enkelin, ein liebes Telefongespräch, ein unerwarteter Besuch. Wir müssen alles ganz bewusst wahrnehmen, mit allen Sinnen; so weit es uns Augen, Ohren und Nase noch möglich machen, es ‹auskosten›, die Eindrücke, die Freuden auch mitteilen» (Lebenskunst, 329).

10 Vgl. Horaz Carmen I.11: «Dum loquimur, fugerit invida Aetas: carpe diem quam minimum credula postero (Während wir plaudern, entflieht neidisch die Zeit. Geniesse den Tag und verlasse dich möglichst wenig auf den nächsten)»; zit. nach Horatius Flaccus, Oden und Epoden, 32f.

11 Koh 9,7–10. Vgl. Kaiser, Anweisungen, 52–54.

12 Eph 5,20.

13 1Thess 5,18.

der Wille Gottes für die Menschen, also die Sinnbestimmung menschlichen Lebens schlechthin erkannt.

Die Sinn stiftende Selbstzweckhaftigkeit elementarer Vollzüge alltäglichen Lebens im hohen Alter und die präreflexive Empfänglichkeit für die Lebenserfüllung vermittelnde Bedeutung solcher Vollzüge berühren sich auch mit der oben erwähnten, der Mystik entstammenden Haltung eines «Lebens ohne Warum». Denn ständig nach einem tieferen, übergeordneten Sinn menschlichen Tuns oder Erlebens zu fragen, ist kontraproduktiv und zerstört dessen Sinnhaftigkeit eher.[14] Ständig nach einem tiefer gehenden Sinn zu fragen, kommt einer Vergleichgültigung der vielen Formen erfüllenden Lebens im unspektakulären Alltag auch hochaltriger Menschen gleich.[15]

---

14 Sauter, Was heisst: nach Sinn fragen?, 54.

15 Rentsch, Altern als Werden zu sich selbst, 191.

7.

Sinnfindung durch Wahrnehmung spezifischer Chancen des hohen Alters: Ausschöpfen

Ingrid Riedel beginnt ihre psychologische Studie über das Altern mit dem Satz: «Altern bedeutet zweierlei: Leben ausschöpfen und Leben loslassen.»[1] Damit ist eine Doppelperspektive beschrieben, die für ein adäquates Bild des Alters entscheidend ist. Altern ist ein Entwicklungsprozess, der bis ins hohe Alter beides beinhaltet: Gewinne und Verluste. Wenngleich das dritte Lebensalter, also das junge Alter, stärker unter dem Zeichen des Ausschöpfens steht und das vierte Lebensalter, das hohe Alter, stärker vor der Herausforderung des Loslassens, gelten beide Akzente grundsätzlich für beide Altersphasen. Das betont auch Andreas Kruse, wenn er darauf hinweist, dass die Phase der Hochaltrigkeit grundsätzlich unter einer Potenzialperspektive und einer Verletzlichkeitsperspektive gesehen werden muss, wobei sich das Potenzial des hohen Alters auch in der Art manifestiert, wie mit Verletzlichkeit und Grenzen umgegangen wird. Wenn es alten Menschen gelingt, im Blick auf die sich in dieser Lebensphase speziell stellenden Herausforderungen seelisch-geistige Entwicklungsschritte zu vollziehen, können sich nach Kruse immer wieder Erfahrungen von stimmigem, erfülltem und insofern sinnvollem Leben einstellen.[2] Dazu ist es aber erforderlich, sich im Alter über sich selbst und die existenziellen Bedingungen der nun erreichten Lebensphase bewusst zu werden, das heisst verbliebene oder neu sich bietende Möglichkeiten zu erkennen und sich zugleich die in der Regel unausweichlichen Begrenzungen und Belastungen dieser Lebensphase einzugestehen. Nur so kann ein realistischer, Sinnerfahrungen ermöglichender Umgang mit den Potenzialen und den Herausforderungen des hohen Alters eingeübt werden.[3]

In diesem siebten Kapitel sollen zuerst Aspekte des Ausschöpfens zur Sprache kommen, im folgenden achten Kapitel dann Aspekte des Loslassens, die Sinnerfahrungen eröffnen

---

1 Riedel, Die innere Freiheit, 9.

2 Kruse, Umgang mit Potentialen, 31f.35–38.

3 Wiegand, Kommt die Weisheit mit dem Alter?, 215–217.

können. Dabei werden verschiedentlich Aspekte zur Sprache kommen, die dem entsprechen, was der schwedische Gerontologe Lars Tornstam in seiner entwicklungspsychologischen Theorie positiven Alterns entfaltet hat. Mit seinem Konzept der Gerotranszendenz[4] beschreibt er, wie manche Menschen mit zunehmendem Alter ihre Lebensperspektiven und Wertvorstellungen gegenüber der Phase des mittleren Erwachsenenalters verändern und zu neuen Einstellungen gelangen, die als positiver Zugewinn des hohen Alters verstanden werden können, was auch auf die Möglichkeit von Sinnerfahrungen Einfluss hat.[5]

7.1 Lebenssatt werden: Möglichkeiten ausschöpfen

Leben im Zeichen der Hochaltrigkeit ist Leben im Bewusstsein des immer näher rückenden Endes. Es ist eine «Lebensperiode des Zukunftsschwundes»:[6] Das Leben ist zum grössten Teil bereits gelebt; was noch kommt, ist demgegenüber relativ kurz und enthält nicht mehr viel Neues, auf das man gespannt zu-

---

4 Tornstam, Gerotranscendence.

5 Tornstam identifiziert solche Veränderungen der Einstellung im Alter im Blick auf drei Dimensionen (Gerotranscendence, 73f.188f.): 1. eine *kosmische Dimension* (Kindheitserfahrungen gewinnen neue Bedeutung; das Eingebundensein in eine Generationenkette wird wichtiger; Angst vor dem Tod verschwindet; das Geheimnisvolle im Leben wird anerkannt; die Freude an kleinen Erfahrungen etwa in der Natur nimmt zu); 2. eine *auf das Selbst bezogene Dimension* (Wahrnehmung neuer Aspekte des eigenen Selbst; abnehmende Selbstbezogenheit und eine Akzentverschiebung von Egoismus zu Altruismus; Relativierung der eigenen Körperlichkeit; Ego-Integrität als Integration der verschiedenen Lebensaspekte zu einem Ganzen) und 3. eine *Beziehungs-Dimension* (Reduktion der Beziehungen und Bedürfnis nach positiv gefüllter Einsamkeit; Unterscheidung zwischen Selbst und Rollen; wachsende Freiheit von sozialen Konventionen; materielle Genügsamkeit sowie alltägliche Weisheit mit grösserer Offenheit und Toleranz).

6 Marquard, Am Ende, 51.

gehen könnte. «Ich habe gelebt, und es war gut. Etwas Besseres kommt nicht nach, auch nichts Neues. Ich bin nicht mehr neugierig», schreibt die 90-jährige Leni ALTWEGG.[7] Aber das Leben ist noch nicht zu Ende, will sinnvoll zu Ende gelebt und gebracht werden – nicht nur im Erleiden von zunehmenden Defiziten, sondern auch im Ausschöpfen des Guten, das in dieser letzten Lebensphase noch möglich ist.

Einseitig negative Stereotypen des hohen Alters verhindern, Möglichkeiten wahrzunehmen und Pläne zu realisieren, die durchaus noch realistisch wären: eine Reise zu unternehmen und einen Ort aufzusuchen, den man immer schon gerne einmal kennengelernt hätte oder an den man noch einmal im Leben zurückkehren möchte; sich künstlerisch zu betätigen (singen, malen, musizieren) oder kulturelle Veranstaltungen zu besuchen, die einen inspirieren, bereichern und den Hunger nach Ästhetischem stillen; Beziehungen zu pflegen – zu Gleichaltrigen wie zu Jüngeren –, die spüren lassen, was man sich gegenseitig bedeutet. Wilhelm SCHMID weist in seinem Entwurf einer Lebenskunst im Alter auf die Bedeutung der «Lüste des Alters» hin: etwa die Lust des Gesprächs, die Lust der Erinnerung, die Lust der Musse oder die Lust der selbstvergessenen und zweckfreien Hinwendung zu Menschen oder Aktivitäten.[8]

All das sind Möglichkeiten der Lebensgestaltung, die bis ins hohe Alter wahrgenommen und ausgeschöpft werden können und die das Leben bedeutsam und bejahenswert machen, die es (im wörtlichen Sinne) er-füllen und deshalb sinnvoll erscheinen lassen. Dabei kann solches Ausschöpfen nicht primär in einem quantitativen Mehr des bisher Möglichen liegen, sondern es geht darum, «den Sinn des eigenen Lebens zusehends in Aspekten dieses Lebens zu finden, die von Kompetenzbewusstsein, Leistung, Erfolg, Genuss und entsprechenden Zukunftsperspektiven unabhängig sind; in Aspekten also,

---

7 ALTWEGG, Ich habe gelebt, 91.

8 SCHMID, Mit sich selbst befreundet sein, 419–421.

die nicht [einfach] in einer *Vermehrung* des bisher Erreichten liegen».[9] Sondern in einer Vertiefung und Erweiterung des bisherigen Lebens, zu der durchaus auch das Zulassen von neuen Erfahrungen des Abnehmens, der Minderung gehören, weil die Auseinandersetzung mit ihnen ebenfalls zum Prozess des Lebenssatt-Werdens beitragen und Sinn generieren kann.

7.2 Generativität: für andere bedeutsam sein

Die wichtigste Quelle von Lebenssinn sind zweifellos soziale Beziehungen.[10] Die Erfahrung, für andere Menschen bedeutsam zu sein, ihnen wichtig oder jedenfalls nicht gleichgültig zu sein, ist für alte Menschen erwiesenermassen von hoher Relevanz. Dies gilt besonders im Blick auf das hohe Alter und auf Situationen zunehmender Gebrechlichkeit, wenn der Eindruck überhand zu nehmen droht, man sei für niemanden mehr etwas Wert und falle anderen nur noch zur Last. Das Bedürfnis, auf irgendeine Art und Weise gebraucht zu werden und für andere nützlich zu sein, ist bei alten Menschen ein tief sitzender Wunsch,[11] der in einer ganz auf Leistung und Nützlichkeit ausgerichteten Gesellschaft ständig neue Nahrung bekommt. Ursula M. Staudinger und Freya Dittmann-Kohli sehen darum in Situationen, in denen dieses Bedürfnis nicht mehr gestillt werden kann, eines der typischen Sinnprobleme älterer Menschen.[12]

---

9 Müller, Lebensverlängerung, 178.

10 Auhagen, On the psychology of meaning of life, 40.

11 Bäurle, Einleitung, 12. Dass Menschen grundsätzlich (also nicht nur im Alter) sowohl hilfsbedürftig als auch «helfensbedürftig» sind und beide Aspekte ausleben können müssen, um mit ihrem Leben zufrieden zu sein, betont Klaus Dörner, Helfensbedürftig. Vgl. hierzu die Aspekte der abnehmenden Selbstzentriertheit sowie der Akzentverschiebung von Egoismus hin zu Altruismus in Tornstams Konzept der Gerotranszendenz (Gerotranscendence, 61–63).

12 Staudinger/Dittmann-Kohli, Lebenserfahrung und Lebenssinn, 427.

Gerontologie spricht hier im Rückgriff auf das entwicklungspsychologische Stufenmodell von Erik H. Erikson von Generativität. Damit ist eine Einstellung und ein Verhalten gemeint, durch die sich jemand materiell, sozial oder kulturell produktiv zugunsten nachfolgender Generationen engagiert. Erikson sah die Entwicklung einer solchen Haltung primär als psychosoziale Herausforderung des mittleren Erwachsenenalters, die sich in Familienarbeit und Berufstätigkeit konkretisiert, hielt aber zugleich ihre bleibende Bedeutung auch für die folgenden Lebensphasen des Alters fest. Andreas Kruse weist darauf hin, dass die Bedeutung von Generativität für die Lebenszufriedenheit, das Wohlbefinden und das persönliche Sinnerleben im hohen und sehr hohen Alter von neueren psychologischen Theorien hoch veranschlagt wird und dass das Wahrnehmen von Mitverantwortung für andere von den meisten älteren Menschen als Quelle von Sinnerfahrung verstanden wird.[13] Wie können hochaltrige Menschen, deren Mobilitäts- und Aktivitätsmöglichkeiten vielleicht zunehmend eingeschränkt werden, generativ sein im Blick auf andere, Jüngere?

Eine der wesentlichen generativen Funktionen des Alters war in früheren Zeiten die Vermittlung von Kultur, von Kenntnissen und Lebenserfahrung an die jüngeren Generationen. Wenn heute noch gelegentlich darauf hingewiesen wird, wie wichtig die Alten doch gerade für die Vermittlung von Lebenserfahrung und kulturellem Wissen seien, mutet das eher zwiespältig an. In einer Zeit, in der sich auf allen Lebensgebieten ein rasanter technologischer Wandel vollzieht, Lebensformen immer schneller wechseln und die Welt, in der Grosseltern aufwuchsen, sich immer weniger mit derjenigen vergleichen lässt, in der heute ihre Enkel aufwachsen, hat in manchen Bereichen eine Umkehr stattgefunden: Die Alten lernen bei den Jungen, wie man sich im heutigen Leben zurechtfindet. Die Lebenserfahrungen der Alten sind in den allermeisten Fällen

13 Kruse, Umgang mit Potentialen, 44f.

nur noch sehr bedingt – wenn überhaupt – hilfreich für die Bewältigung von Problemen, die das Leben den heutigen Jungen stellt. Das mag für alte Menschen eine schmerzhafte Erfahrung sein, zuweilen verbunden mit dem Gefühl, sich von der Gesellschaft zu entfremden und von den massgeblichen Entwicklungen der Gegenwart abgekoppelt worden zu sein. Aber an der Erfahrung, dass das, was einem früher wichtig und hilfreich war, heute über weite Strecken nicht mehr gefragt ist und nicht mehr als wertvolles Erbe weitervermittelt werden kann, führt kein Weg vorbei.

Wo Weitergeben von Lebenserfahrung allerdings am ehesten gelingen und zweifellos von grosser Bedeutung sein kann, ist im Vorleben des eigenen Alternsprozesses. Hier können alte Menschen allerdings nicht einfach auf frühere Erfahrungen zurückgreifen, sondern sie sind gefordert, laufend neue, aktuelle Erfahrungen mit ihrem eigenen Prozess des Älterwerdens zu machen. Wie sie sich dabei dem Altwerden mit seinen Entwicklungs- wie Belastungspotenzialen stellen, wird von den jüngeren Generationen sehr genau beobachtet, auch wenn solche Erfahrungen nicht immer in reflektierter Gestalt kommuniziert werden. Das Vorbild zählt und wirkt – und es entwirft Bilder vom Alter und vom Altern, die nachfolgende Generationen entweder in ihren Ängsten im Blick auf das eigene Altwerden bestätigen oder ihnen Mut machen, erwartungsvoll auf ein Alter zuzugehen, das man als wichtige, lebenswerte und damit sinnvolle letzte Lebensphase antizipieren lernt. Das ist vielleicht überhaupt die bedeutsamste Aufgabe, die Menschen im hohen Alter wahrnehmen können: das noch so wenig bekannte Terrain des Lebens in Hochaltrigkeit auszukundschaften, gangbare, lohnenswerte Wege zu erkunden und durch das eigene Vorangehen nachfolgenden Generationen Mut zu machen, ihrerseits mit einer gewissen Neugierde und Erwartungshaltung auf die vierte Lebensphase zuzugehen. Wer aktuelle Erfahrungen mit konstruktivem, bejahtem Alter(n) im Vollzug des eigenen Lebens in Hochaltrigkeit weitervermitteln kann, lebt ein hohes Mass von Generativität, dessen Sinnhaftigkeit auf der Hand liegen dürfte.

Frieder R. Lang und Margret Baltes nennen im Übrigen drei Formen spezifischer Altersgenerativität: einmal das Schaffen von Werten, die das eigene Leben überdauern; sodann die Vermittlung kultureller Identität; und schliesslich das Verwirklichen einer Haltung, die durch Selbstbescheidung und Selbstverantwortlichkeit geprägt ist.[14] Von diesen drei Möglichkeiten haben die ersten beiden eher nach aussen gerichteten Charakter, während die dritte Option stärker eine Haltung beschreibt, die auch dann gelebt werden kann, wenn aus Gründen altersbedingter Einschränkungen die Möglichkeiten äusserlich aktiven Handelns zugunsten anderer abnehmen. Zu solcher Selbstverantwortlichkeit zählt ganz zentral die Bereitschaft, das eigene Alter(n) bewusst zu bejahen, seine Chancen zu verwirklichen und sich den mit dem Alter gegebenen Herausforderungen zu stellen.

Verantwortung für sich selbst zu übernehmen schliesst im hohen Alter auch mit ein, bereit zu sein, allenfalls notwendige Hilfe und Unterstützung von anderen anzunehmen, und zwar auf eine Art und Weise, die in sich selbst wiederum Sorge für diejenigen trägt, die solche Unterstützung leisten. Wie sich die Bewohnerin eines Pflegeheims zu den dort tätigen Pflegekräften verhält, ob sie sich mürrisch und undankbar gibt oder wohlwollend, freundlich und dankbar erweist, so dass das Pflegepersonal sich wertgeschätzt und in seiner persönlichen wie beruflichen Identität gestärkt fühlt, macht einen grossen Unterschied aus und kann Ausdruck gelingender Generativität sein.[15] Lang und Baltes sehen in solcher Art Selbstverantwortung übernehmenden Verhaltens eine Besonderheit der Generativität des höheren Alters gegenüber der Generativität

14 Lang/Baltes, Brauchen alte Menschen junge Menschen?, 173–177.
15 Montada, Gebrechlichkeit, 385–388.

des mittleren Erwachsenenalters.[16] Wo sie bewusst gelebt wird, entstehen Situationen, die als sinnvoll erlebt werden können.

Auf eine spirituelle Ausdrucksform von Generativität, die religiös wache Menschen auch im hohen Alter leben können, sei noch hingewiesen: Pia GYGER, die christliche Zen-Meisterin aus dem Lassalle-Haus in der Schweiz, verstand Segnen als eine Möglichkeit von Altersgenerativität. Sie schreibt: «Wenn ich […] spazieren gehe, dann blicke ich den Menschen, denen ich begegne, in die Augen und lächle sie mit meinem Herzen an. Ich will im Alter segnende Existenz sein. Auf meinen Spaziergängen trage ich still den buddhistischen Segensgruss in mir und wünsche jedem Menschen, dem ich begegne: ‹Mögest du glücklich sein.›»[17] Eine ähnliche Möglichkeit eröffnet sich in der Praxis christlicher Fürbitte.[18] Beides sind Ausdrucksformen von Generativität, die für Menschen, denen eine entsprechende spirituelle Praxis vertraut ist, in hohem Masse Sinn generierend sein kann.

7.3 Reifung: Weisheit als Lebenskompetenz

Reifung ist ein für die Sinnfindung eminent bedeutsamer psychisch-geistig-spiritueller Prozess, der sich im günstigen Fall wie der Prozess des Alterns grundsätzlich während des ganzen Lebens vollzieht. Reifung ist ein Prozess der Vertiefung, der Klärung, des Gewinnens von existenzieller Kompetenz im Umgang mit den Herausforderungen des Lebens. Leopold ROSENMAYR weist darauf hin, dass es Reife nicht als einen einmal

---

16 LANG/BALTES, Brauchen alte Menschen junge Menschen?, 172.

17 BRANTSCHEN/GYGER, Es geht um die Liebe, 131.

18 Karl RAHNER fragt: «Warum sollten die Alten nicht mehr beten, als sie es während des früheren Lebens getan haben? […] Im Alter soll man ruhig den Mut haben, frömmer zu werden» (Grundverständnis des Alters, 324).

erreichbaren Zustand gibt, sondern nur als lebenslang unabgeschlossen bleibenden Prozess der Reifung (Matureszenz).[19]

Allerdings beinhaltet das hohe Alter als letzte Phase im Leben eines Menschen in besonderer Weise die Chance, ein Mass an Tiefe und Reife zu erlangen, das anderen Lebensaltern nicht in gleicher Weise zugänglich ist.[20] Voraussetzung dafür ist, dass sich jemand offen auf das einlässt, was das Leben an Erfahrungen und schicksalshaften Zumutungen mit sich bringt, und sich damit ernsthaft auseinandersetzt. Wobei sich Reife nicht zuletzt darin manifestiert, wie jemand bereit ist, Fragen auszuhalten und Phänomene in sein oder ihr Leben zu integrieren, die sich einer simplen logischen Erklärung entziehen.[21]

Ein solcher Prozess der Matureszenz als Chance, das Leben im hohen Alter auszuschöpfen, ist darum besonders bedeutsam, weil Sinnfindung im hohen Alter weniger auf der Ebene äusserer Aktivitäten erfolgt, sondern eher auf der Ebene innerer Differenzierungs- und Klärungsprozesse.[22] Dabei zeigt sich, dass gerade auch Erfahrungen von Leiden, von Krankheit und Behinderung, wie sie sich im höheren Alter zuweilen einstellen, Chancen der Lebensintensivierung, der Lebensklärung und Lebensvertiefung eröffnen und insofern sinnkonstitutiv sein können.[23]

---

19 Rosenmayr, Die Kräfte des Alters, 159.

20 Nach Giovanni Maio «gibt das Alter eine Tiefe, die den anderen Lebensaltern eher versperrt bleibt» (Vom Sinn des Alters, 15). Auch Thomas Rentsch sieht in der «Gewinnung von Tiefe» eine besondere Chance des hohen Alters (Das Altern und die Zeitlichkeit, 287).

21 Damit verwandt ist die von Tornstam als Aspekt von Gerotranszendenz beschriebene Freiheit, nicht alles im polaren Raster von ‹richtig› und ‹falsch› verorten zu müssen, sondern anzuerkennen, dass vieles relativ ist (Gerotranscendence, 68f.).

22 Rieger, Altern anerkennen und gestalten, 101. Herrad Schenk schreibt: «Weisheit liegt in der Fähigkeit, weiter zu reifen, wenn es nicht mehr um äussere Expansion geht» (Der Altersangst-Komplex, 209).

23 Rentsch, Das Altern und die Zeitlichkeit, 282. Zum empirisch nachweisbaren Zusammenhang zwischen Leiden und Reifung einer Person vgl.

Das Phänomen der Reifung im Alter wird in der Psychologie und Gerontologie vornehmlich unter dem Begriff der (Alters-)Weisheit thematisiert.[24] Sie kann definiert werden als durch reflektierte Lebenserfahrung gewonnenes Expertenwissen im Blick auf den Umgang mit den Herausforderungen des Lebens – gerade auch mit Herausforderungen des hohen Alters wie zunehmende Gebrechlichkeit, sich häufende Verluste nahestehender Menschen oder spürbar werdende Grenzen der eigenen Möglichkeiten.[25] Insofern ist die Entwicklung von Weisheit im Alter ein wesentlicher Faktor für die durch zahlreiche empirische Untersuchungen immer wieder festgestellte erstaunlich hohe Zufriedenheit, die alte Menschen im Blick auf ihre Lebenssituation zum Ausdruck bringen.[26]

Ein wichtiges Element von Weisheit ist die Fähigkeit, zwischen Wichtigem und Unwichtigem, zwischen wirklich Tragendem und nur vermeintlich Tragendem zu unterscheiden,[27] eine Kompetenz, die nach Andreas Heller wesentlich mit der sich im hohen Alter aufdrängenden Auseinandersetzung mit der Grenze des Todes zusammenhängt.[28] Denn durch diese Grenze gewinnt das Leben Sinn, Halt und Bedeutsamkeit.

---

den aufgrund einer Studie am Universitätsspital Zürich entstandenen Artikel von Stefan Büchi und Ruth Baumann-Hölzle, Den Sinn des Leidens ergründen. Vgl. ferner Lars Tornstams Hinweis: «Life crises may contain the *kinetic energy* that make the development towards gerotranscendende accelerate» (Gerotranscendence, 71).

24 Für einen kurzen Einblick in das Gebiet der neueren Weisheitsforschung vgl. Wiegand, Kommt die Weisheit mit dem Alter?, 218–222.

25 Nach Carolin Wiegand ist «Weisheit viel mehr als theoretische Probleme betrachten zu können, sondern besteht darin, mit den Herausforderungen des menschlichen Lebens, wie Trauer, Krankheit, Tod und der Suche nach dem Sinn des Lebens umzugehen» (a. a. O., 213).

26 Zum sogenannten Paradox des Wohlbefindens im Alter vgl. Perrig-Chiello/Höpflinger, Die Babyboomer, 133–137.

27 Maio, Vom Sinn des Alters, 12f. Maio versteht das Alter geradezu als eine Art Lupe, die auf das Wesentliche im Leben hinweist (Wenn das Annehmen wichtiger wird, 75).

28 Heller, In Ruhe sterben?, 9.

Entwickelt ein Mensch im Alter solche Kompetenz zum Unterscheiden, gewinnt er dadurch die Fähigkeit, sich ein Stück weit aus der Zerstreuung und dem Oberflächlichen zu lösen, um wach zu werden für das Wesentliche.[29] Romano GUARDINI sieht darin die Chance, durchsichtig zu werden für die Dimension des Sinns, des Absoluten, des Ewigen.[30]

7.4 Passivität: Vom Tun zum Sein

Zu den Besonderheiten der Lebenssituation der Hochaltrigkeit gehört auch dies, dass eine Gewichtsverschiebung stattfindet von der Fokussierung auf Leistung, auf äusserliche Aktivitäten unterschiedlichster Art, hin zu einer neuen Gewichtung des blossen Daseins.[31] Für Ingrid RIEDEL ist das hohe Alter die Zeit für die Frage: «Wer bin ich eigentlich dann, wenn ich ‹nichts› mehr bin? Nichts mehr im Blick auf Leistung, Rolle und Geltung – sondern einfach ein Mensch, der lebt, der gelebt hat und der leben darf.»[32] Leben kann so als nicht selbstverständliches Geschenk bewusst werden,[33] das in sich selber wertvoll ist, unabhängig von jeder funktionalen Verzweckung.[34] «Gerade im Alter mag es gelingen, sich von einer übermässigen Einbindung in vorherrschende Sinnstrukturen der Gesellschaft zu befreien. […] Zufriedenheit, ohne höher-weiter-schneller-besser

---

29 AUER, Geglücktes Altern, 176.

30 GUARDINI, Die Lebensalter, 58f.

31 RIEDEL, Die innere Freiheit, 16.

32 A. a. O., 18.

33 SCHNEIDER-FLUME, Die Würde des Alters, 5.8. Nach Wolfgang HUBER ist es ein Kennzeichen theologischer Ethik, dass sie Leben primär als Gabe (und deshalb als etwas Kostbares) versteht und nicht nur als ein zu verwirklichendes Projekt (Was macht eine theologische Ethik theologisch?, 23.25).

34 Nach Markus ZIMMERMANN-ACKLIN ist «in den letzten Jahrzehnten die Fähigkeit vernachlässigt worden, das Nutzlose, das Nicht-Produktive, das schlichte Dasein, philosophisch gesehen das Spielen, intra- und interpersonell zu integrieren» (Gesundheitsversorgung, 165f.).

sein zu wollen, ist möglich und wird zum positiven Sinn. Man kann das Lebendig-Sein geniessen, ohne ständig mehr haben zu wollen.»[35] Wenn es gelingt, im höheren Alter das Dasein, das schiere Lebendigsein so in den Mittelpunkt zu rücken, können sich daraus neue Einsichten, neue Wertakzente und Sinnerfahrungen ergeben, die früheren Lebensphasen nicht so leicht zugänglich sind.[36]

Eine solche Haltung bringt eine neue Bewertung der passiven Dimension des Lebens mit sich und kann der Einsicht Raum geben, dass dem Leben prinzipiell eine Grundpassivität eigen ist. Diese Grundpassivität manifestiert sich etwa darin, dass wir gezeugt und geboren werden, dass wir davon leben, von anderen geliebt und unterstützt zu werden, und dass auch alle Erfahrungen, Glück zu haben, Erfahrungen sind, die wir nicht selber produzieren, sondern die uns widerfahren und zuteil werden. Das Alter kann wohl deutlicher als jüngere Lebensphasen erfahrbar machen, dass Leben immer «ein Wechselspiel von erlittenem Widerfahrnis und aktiv in Gang gesetzter Handlung» ist und dass es sich grundsätzlich in einer «Dialektik zwischen Handeln und Erfahren, zwischen Aktivität und Erleiden, zwischen Entscheidung und Erduldung» abspielt.[37]

Allerdings braucht es eine gewisse innere Freiheit und einen gewissen Mut, in einer so auf Leistung und Aktivität getrimmten Gesellschaft wie der unseren der Passivität als notwendigem Gegenakzent solche Bedeutung zu geben und darin

---

35 Staudinger/Dittmann-Kohli, Lebenserfahrung und Lebenssinn, 429f.

36 Maio, Medizin ohne Mass?, 151.

37 Maio, Den kranken Menschen verstehen, 117. Maio betont dies in Kritik an einer von ihm wahrgenommenen «modernen Unfähigkeit, das Gegebene anzunehmen», und plädiert für eine Grundhaltung der Akzeptanz gegenüber dem schicksalshaft immer schon Vorgefundenen (a. a. O., 118). Dem entspricht der Hinweis von Richard Rohr, dass es in der zweiten Lebenshälfte mehr um Teilnahme am Leben als um ein Sich-Durchsetzen geht (Reifes Leben, 162).

Sinn zu finden.[38] Umso wichtiger könnte dieser Akzent für unsere Gesellschaft als ganze sein.

Hermann HESSE spricht in diesem Zusammenhang – durchaus im Sinne von TORNSTAMS Konzept der Gerotranszendenz – von einer dem hohen Alter gemässen, ihm als Chance eigenen *vita contemplativa,* die er wie folgt beschreibt: «Je geringer unser Verlangen nach Eingriff und Tat wird, desto grösser wird unsre Fähigkeit, dem Leben der Natur und dem Leben der Mitmenschen zuzuschauen und zuzuhören, es ohne Kritik und mit immer neuem Erstaunen über seine Mannigfaltigkeit an uns vorüberziehen zu lassen, manchmal mit Teilnahme und stillem Bedauern, manchmal mit Lachen, mit heller Freude, mit Humor.»[39] Solch zweckfreies, staunend wahrnehmendes Beobachten und Teilnehmen am Leben in der Fülle seiner Erscheinungsweisen entspricht in der Tat einer philosophischen Lebenseinstellung, die Erfahrungen von Sinn generieren kann.

Diese Lebenseinstellung einer *vita contemplativa* zeigt sich wesentlich in einer Haltung der ‹Ge-lassen-heit›. Dieser auf die deutsche Mystik zurückgehende Begriff[40] wird von Thomas STRÄSSLE als existenzielle Offenheit für das, was einem im Dasein begegnen kann, verstanden und in Anlehnung an Wilhelm WEISCHEDEL in dreifacher Hinsicht entfaltet:[41] einmal als *Loslassen* oder Ablassen von früheren Aktivitäten, Rollen und Fähigkeiten; sodann als *Zulassen* oder Gewähren-Lassen, indem man dem seinen Raum und seine Zeit lässt, was ist und geschieht; und schliesslich als *Sich-Überlassen,* das in einem Geist des Vertrauens und Zutrauens etwas mit sich geschehen lässt,

---

38 Wilhelm SCHMID spricht von der «in der Kultur der Moderne nicht geliebten und nicht legitimierten Passivität», um dann zu betonen: «Wenigstens im Alter kann das Menschenrecht, passiv zu bleiben, noch in Anspruch genommen werden» (Mit sich selbst befreundet sein, 420).

39 HESSE, Eigensinn, 205.

40 Der Begriff *gelâzenheit* wurde zuerst von Meister ECKHART verwendet (STRÄSSLE, Gelassenheit, 36).

41 A. a. O., 20f.

das man nicht selber steuernd und kontrollierend in der Hand hat.[42] Gelassenheit stellt in alledem eine Haltung «aktiver Passivität» dar.[43] Während das Zulassen und das Sich-Überlassen Ausdruck einer im höheren Alter beobachtbaren Gewichtsverlagerung vom Tun zum Sein sind, kommt mit dem Loslassen ein Aspekt in den Blick, der zusammenfasst, worin die spezifischen Herausforderungen der Hochaltrigkeit liegen. Davon soll im nächsten Kapitel die Rede sein.

Hand in Hand mit dieser Akzentverschiebung vom Tun zum Sein geht auch ein verstärktes Bewusstsein für die zentrale Bedeutung von Beziehungen,[44] weil Menschen gerade im Alter Sinn nicht so sehr in Dingen, als vielmehr in Beziehungen finden.[45] Eingebunden zu sein in ein Netz tragender, wertschätzender Beziehungen, in der alle Beteiligten unabhängig von irgendwelchen Leistungen einander etwas bedeuten, ermöglicht fundamentale Sinnerfahrungen, die ihre Evidenz in sich selber tragen und nicht von einer letzten Klärung der Frage abhängen, inwiefern das Leben an sich einen letzten Sinn habe.[46] Denn Gerd Theissens elementarer ‹Glaubenssatz› dürfte zutreffen: «Verbundensein in der Liebe ist Fülle des Sinns.»[47]

Die Fokussierung auf den passiven Aspekt des blossen Seins und auf die rezeptive Bereitschaft, sich dem auszusetzen, was einem im Leben begegnet und berührt, kann in der

---

42 Jan Baars hält grundsätzlich fest: «Developing an art of aging not only entails sustaining or enlarging the possibilities to exercise control over certain situations but also developing meaningful ways of encountering situations in life that *cannot* be controlled» (Aging, 244).

43 Strässle, Gelassenheit, 36.

44 Riedel, Die innere Freiheit, 16.

45 Spmarkties, Sinnorientierte Altenseelsorge, 178.

46 Schmid, Dem Leben Sinn geben, 11f.

47 Theissen, Glaubenssätze, 118. Damit stimmt Dietrich Bonhoeffers Einschätzung überein: «Es gibt kaum ein beglückenderes Gefühl als zu spüren, dass man für andere Menschen etwas sein kann. […] Schliesslich sind eben die menschlichen Beziehungen doch einfach das Wichtigste im Leben» (Widerstand und Ergebung, 567).

Sinnfrage zu einer dem hohen Alter besonders entsprechenden Haltung führen,[48] bei der das Empfangen von Sinn dem Bewirken-Wollen von Sinn vorgeordnet ist.[49] Dabei würde dem Rechnung getragen, was Verena BEGEMANN grundsätzlich als wichtig im Blick auf die Sinnfindung versteht: «Den Sinn da sein lassen, ihn auch geschehen zu lassen und ihm nicht im Wege zu stehen, kann eine wichtige Lebensaufgabe sein, die eher von Passivität als von Aktivität geprägt ist.»[50]

---

48 In diesem Sinne ist Jan BAARS' Hinweis bedenkenswert: «Aging is not only a matter of projects but also of a deeper receptivity – a new openness of experiencing, giving, and receiving» (Aging, 252).

49 BÄR, Sinn erleben, 166. Ebenso Frits DE LANGE: «[…] for most of the frail elderly, life is less a matter of what they do than one of what is done to them. If flourishing at an advanced age requires virtue, then it is the virtue of passivity, the art of *receiving*» (Loving Later Life, 19).

50 In: BEGEMANN/BERTHOLD/HILLMANN, Sterben und Gelassenheit, 49.

8. Sinnfindung durch Wahrnehmung spezifischer Herausforderungen des hohen Alters: Loslassen

Dass die Lebensphase der Hochaltrigkeit neben allen Potenzialen und Chancen, die im vorigen Kapitel zur Sprache kamen, stark geprägt ist durch die Erfahrung von Grenzen und Verlusten, wurde schon mehrfach erwähnt. Darüber hinwegzusehen im wohlmeinenden Bestreben, nur ja nicht in die Falle eines einseitig negativen, defizitorientierten Altersbildes zu tappen, wäre pure Augenwischerei und würde den realen Herausforderungen dieser Lebensphase in keiner Weise gerecht. Angesichts der Tatsache, dass Hochaltrigkeit mit der Aufgabe konfrontiert, Erfahrungen von Verlusten, Grenzen und Defiziten in den eigenen Lebensentwurf zu integrieren, stellt sich auch die Sinnfrage im Licht solcher Einschränkungen oder Minderungen: Es geht – mit Peter Gross gesprochen – um die Frage, ob und wie eine «Sinngebung der Schwäche» denkbar ist.[1] Eine solche scheint nur möglich, wenn davon ausgegangen wird, dass die Erfahrung von Grenzen, von Schwäche und Bedürftigkeit und damit die Herausforderung des Loslassens zu jedem Menschsein (nicht nur im hohen Alter!) gehört und sinnkonstitutiv ist – eine Perspektive, die in den letzten Jahren vor allem Thomas Rentsch aus philosophischer Sicht immer wieder nachdrücklich entfaltet hat.[2] Diese Perspektive der Minderung oder des Loslassens soll im Folgenden im Blick auf die Frage der Sinnhaftigkeit des hohen Alters thematisiert werden.

8.1 Minderung: Zulassen von Bedürftigkeit

Zur Dimension der Passivität menschlichen Lebens, von der oben die Rede war, und zur Herausforderung des Zulassens von Entwicklungen, die mit einem geschehen, gehört im hohen Alter die Erfahrung, dass die Kräfte nachlassen und die physi-

---

1 Gross, Wir werden älter, 10.12.

2 So etwa in: Rentsch, Altern und Lebenssinn; Rentsch, Ethik des Alterns; Rentsch, Altern als Werden zu sich selbst; Rentsch, Das Altern und die Zeitlichkeit; Rentsch/Vollmann, Der Sinn des Alterns.

sche, vielleicht auch die psychische Gesundheit brüchig wird. Zur Entwicklung menschlichen Lebens gehört nicht nur Wachstum und Zunahme, sondern auch Abnahme und Schwächung. Teilhard de Chardin spricht in diesem Zusammenhang vom «Erleiden der Minderung» im Unterschied zum «Erleiden des Wachstums».[3] Beides sind konstitutive Dynamiken menschlichen Lebens. Das eine ist nicht zu haben ohne das andere. Nur gemeinsam stellen sie die Ganzheit der Entwicklung eines Menschenlebens dar, die Thomas Rentsch als ein «Werden zu sich selbst» beschreibt, das zu verstehen ist als «ein Werden zu sich selbst im Vergehen, ein Werden im Vergehen».[4]

Nun sind Erfahrungen der Minderung, der Schwäche und der Bedürftigkeit ja mitnichten nur ein Phänomen des hohen Alters. Sie begleiten uns von Kindheit an ein ganzes Leben lang. Häufig sind Krankheiten – etwa im Kindesalter – Auslöser von Entwicklungsschüben. Im Unterschied zu jüngeren Menschen, bei denen Krankheit, Leiden und Schwäche oft vorübergehende Erscheinungen sind, die therapeutisch angegangen werden können, sind altersassoziierte Beschwerden häufig chronischer Art und können kumulativ auftreten (Multimorbidität). Die damit gegebene Aussicht, dass es nicht mehr besser wird, sondern dass der Prozess der Minderung eher noch zunehmen wird, stellt in der Phase der Hochaltrigkeit zweifellos eine besondere Herausforderung dar. Dennoch ist die Erfahrung, dass Leben immer auch Beschwernisse mit sich bringt, etwas Allgemein-Menschliches. Die Bedürftigkeit kann geradezu als Grundzug aller Humanität verstanden werden.[5] Was Peter Gross im Blick auf das Alter sagt, gilt grundsätzlich: «Ein starkes, selbstgewisses und volles Leben führen heisst, Schwächen zulassen und mit ihnen umgehen können.»[6] Und umgehen können alte Menschen mit den Belastungen, die ihr Alter mit sich bringt, oft besser als jün-

---

3 de Chardin, Der göttliche Bereich, 78–96.

4 Rentsch, Alt werden, alt sein, 183.

5 Steffensky, Mut zur Endlichkeit, 18

6 Gross, Wir werden älter, 149 (ebenso 137).

gere. Je bewusster jemand schon in jüngeren Jahren gelernt hat, mit Erfahrungen von Krankheit und Verlusten umzugehen als mit etwas, das zum Leben gehört, desto besser dürfte es im höheren Alter gelingen, auch in einem Leben, das nun stärker und dauernder vom «Erleiden der Minderung» gezeichnet ist, Sinn und Zufriedenheit zu finden.

Hochaltrige Menschen scheinen oft besser als jüngere aus Erfahrung zu wissen, dass Krankheit und selbst Behinderung auch eine Chance zur Reifung, zur Lebensintensivierung darstellen kann,[7] und dass die Auseinandersetzung mit Verlusten, die Einübung des unfreiwillig nötig gewordenen Loslassens das Potenzial zu seelisch-geistiger Entwicklung bis ins hohe Alter und in den Prozess des Sterbens hinein beinhaltet.[8] Denn wirklich tragfähiger Lebenssinn ergibt sich nicht – wie eine oberflächliche Betrachtungsweise anzunehmen geneigt ist – bloss in der Befriedigung von Lust, «sondern weit mehr in der gemeinsamen wie individuellen Bewältigung der vielen negativen Aspekte, die unser Dasein prägen […]. Vor diesem Hintergrund lassen sich Altwerden, Kranksein, Leiden und Sterben als Chance zur Eröffnung spezifischer Sinndimensionen begreifen.»[9] Insofern kann man mit Werner Kramer das Loslassen, das Leben mit dem Abnehmen als ein existenzielles und spirituelles Ziel der Lebensphase der Hochaltrigkeit bezeichnen,[10] das das Potenzial in sich trägt, Erfahrungen von Sinn zu erschliessen.

Gerhard Sauter schreibt: «Altern heisst: der eigenen Bedürftigkeit innewerden und empfangen lernen, von Gott wie von Menschen.»[11] Dieses Umgehen mit dem Prozess der Minderung und das damit zugemutete Annehmen eigener Bedürftigkeit fällt grundsätzlich schwer. Das lässt sich nun einmal

---

7 Rentsch, Das Altern und die Zeitlichkeit, 282.

8 Kruse, Das Leben im Sterben gestalten, 249.

9 Rentsch, Alt werden, alt sein, 174.

10 Kramer, Die spirituellen Ziele im Alter, 131.

11 Sauter, Das verborgene Leben, 298f.

nicht ändern. Gelingt es aber, sich so damit auseinanderzusetzen, dass das Unausweichliche akzeptiert werden kann, dass man es geschehen lassen kann, ohne sich ständig dagegen aufzulehnen, ergeben sich daraus neue Sinnperspektiven. In diese Richtung weist der Hinweis von Leopold Rosenmayr, dass «Einwilligen in das, was dem Menschen widerfährt, [...] Freiheit bedeuten kann; gerade der ‹späten Freiheit› eignet das Geschehenlassen.»[12]

In der philosophischen Tradition gibt es für das, was wir heute mit einer Haltung der Gelassenheit meinen, den Begriff der *resignatio*. Er meint überhaupt nicht, was die deutsche Übersetzung mit ‹Resignation› missverständlich nahelegen könnte, ein resigniertes, deprimiertes Sich-Abfinden mit misslichen Umständen, die das Leben belasten. *Resignatio* meint im Gegenteil – darauf hat Thomas Rentsch in seinen Überlegungen zum Umgang mit dem Prozess des Alterns und den mit ihm gegebenen Grenzen verschiedentlich hingewiesen –, sich offen und ehrlich mit den Realitäten auseinanderzusetzen, auch mit derjenigen eigener Verletzlichkeit und Bedürftigkeit. Er meint, sich dazu in einer selbstbestimmten und selbstverantworteten inneren Haltung in ein konstruktives, lebensdienliches Verhältnis zu setzen,[13] anstatt in einer narzisstischen Kränkung zu verharren und bloss gegen das Unabwendbare aufzubegehren. Diese Haltung deckt sich mit dem, was Viktor E. Frankl als die Möglichkeit «aufrechten Leidens» bezeichnet hat, in der er die höchste Form der Verwirklichung von (Einstellungs-)Werten und eine bedeutsame Möglichkeit von Sinngenerierung erblickte.[14]

---

12 Rosenmayr, Die Kräfte des Alters, 12. Martin Buber formuliert in ähnlichem Sinn: «Freiheit und Schicksal umfangen einander zum Sinn» (Ich und Du, 65).

13 Rentsch, Das Altern und die Zeitlichkeit, 284.

14 «Wie einer das ihm auferlegte Leiden auf sich nimmt – darin, in diesem Wie des Leidens, liegt die Antwort auf das Wozu des Leidens. Worauf es ankommt, ist die Haltung, in der sich einer der Krankheit stellt, die

8.2 Angewiesenheit: Leben im Modus des Empfangens

Die Erfahrung der Minderung und der Bedürftigkeit im hohen Alter macht in besonders intensiver Weise deutlich, was grundsätzlich auch für die anderen Lebensphasen gilt: dass Menschen nicht autarke, sondern soziale Wesen sind, die auf die Begleitung und Unterstützung anderer angewiesen sind. Angewiesenheit ist eine Grundsignatur der menschlichen Existenz[15] und als solche gerade kein Makel. Dem widerspricht heute jedoch eine gesellschaftliche Tendenz zur Verabsolutierung von Autonomie verstanden als Selbständigkeit. Selbständige Bewältigung des Lebens im Alltag scheint vielfach geradezu als Voraussetzung für eine menschenwürdige Existenz zu gelten. Die Angst davor, von anderen abhängig zu werden, auf fremde Hilfe angewiesen zu sein und andern ‹zur Last zu fallen›, ist weit verbreitet. Entsprechend schwierig ist es in einem solchen gesellschaftlichen Kontext, als alter Mensch sich sein zunehmendes Angewiesensein auf die Hilfe anderer einzugestehen, das Ideal einer völlig selbständigen Lebensführung loszulassen und Hilfe mit gutem Gefühl anzunehmen.[16] Hinter dieser

---

Einstellung, in der er sich mit der Krankheit auseinandersetzt. Mit einem Wort: worauf es ankommt, ist die rechte Haltung, ist das rechte, aufrechte Leiden echten Schicksals. Aufs Tragen kommt es an – darauf, wie man das Schicksal trägt, sobald man es nicht mehr in die Hand nehmen, vielmehr nur noch auf sich nehmen kann. Mit anderen Worten: wo keine Handlung mehr möglich ist, die das Schicksal zu gestalten vermöchte, dort ist es nötig, in der rechten Haltung dem Schicksal zu begegnen» (Frankl, Grundriss, 131).

15 Maio, Wenn das Annehmen wichtiger wird, 54. Hans-Martin Rieger unterstreicht: «Im Alter wird die Angewiesenheitsstruktur konkret, die das ganze menschliche Dasein nicht lediglich beschränkt, sondern – positiv verstanden – auszeichnet» (Zwischen Alterslob und Altersklage, 140). Entsprechend stellt Angewiesenheit denn auch eine Grundkategorie von Riegers gerontologischer Ethik dar (Altern anerkennen und gestalten, 68ff.).

16 Gerhard Wegner gibt zu bedenken: «Das Projekt der Umarbeitung von gemeinhin als wenig bereichernd erfahrenen Abhängigkeiten in eine

Schwierigkeit steht ein einseitiges, liberales Konzept von Autonomie, das Autonomie nur als Selbständigkeit im Sinne von negativer Freiheit versteht: frei von jeder Einflussnahme durch andere und frei von jeglicher Abhängigkeit von anderen.[17] Diese Vorstellung von Selbständigkeit und Unabhängigkeit ist jedoch eine Abstraktion und wird der Realität menschlichen Lebens nicht gerecht.

Aufgrund des durchweg sozialen Charakters menschlicher Existenz gibt es Selbstbestimmung und Selbständigkeit nur zusammen mit Abhängigkeit. Ohne gegenseitige Verwiesenheit ist menschliches Leben nicht denkbar. George J. Agich hat darum Recht, wenn er von einer fundamentalen anthropologischen Dialektik von Abhängigkeit und Unabhängigkeit in einem von Interdependenz bestimmten sozialen Gefüge spricht.[18] Insofern ist Freiheit nicht als Gegensatz zu Abhängigkeit zu verstehen, sondern vielmehr als selbstverantwortliche Souveränität im Umgang mit Abhängigkeiten, die ernst

---

positive Angewiesenheit als Gegenprojekt zur Konzeption des erfolgreichen und produktiven Alters hat es gewiss nicht leicht. In der liberalen Gesellschaft sind alle Weichen auf Unabhängigkeiten gestellt» (Generativität des Alters, 160). Demgegenüber stellt der Gerontologe Mike Martin die Frage, «warum man nicht früher lernt Hilfe anzunehmen, um Hilfe zu bitten […]. Warum ist es so schwierig, sich helfen zu lassen? Wir sollten dies viel früher lernen und einüben» (Wir sollten früh lernen, Hilfe anzunehmen, 14).

17 Zu den hier anstehenden Fragen vgl. Rüegger, Alter(n) als Herausforderung, 112–123.

18 «Dependence is an essential feature of human existence and autonomy must be reinterpreted to accommodate social arrangements such as family, friendship, and community associations that make possible autonomous human existence in the first place. Dependence is therefore problematic not in itself, but in juxtaposition to an abstract ideal of autonomy as negative freedom. Viewed positively, however, autonomy involves a dialectic of independence and dependence that takes place within a social space characterized by interdependence. Dependence consequently ceases to be a universal problem to be erased or resolved» (Agich, Dependence, 96).

zu nehmen sind.[19] Angewiesen zu sein auf andere, ist so gesehen etwas zutiefst Humanes und Sinnhaftes, das jeder selbstbestimmten Lebensführung als Ermöglichungsgrund vorausliegt.[20] Es ist ein fundamentales Missverständnis zu glauben, Abhängigkeit von anderen sei eine Katastrophe und sinnvolles Leben nur möglich ohne Angewiesensein auf andere.[21]

Denkt und lebt man von einem solchen Verständnis von Angewiesenheit her, kann Abhängigkeit anders als blosse Kränkung unseres Narzissmus wahrgenommen werden, nämlich als Hinweis darauf, dass wir immer schon im Modus des Empfangens leben. Wir leben unter anderem dank dem und von dem, was uns von anderen zukommt, was sie an Hilfreichem zu unseren Lebensmöglichkeiten beitragen. Insofern ist uns nicht nur unser Leben als solches grundsätzlich geschenkt – biologisch von den Eltern, theologisch gesehen von Gott –, sondern wir leben dauernd von der Hilfe und Unterstützung anderer. Niemand lebt für sich allein und allein aus sich selbst. Wir leben immer als Beschenkte und Empfangende. Insofern hat Fulbert Steffensky Recht: «Unabhängigkeit als Ideal ist die Selbstverdammung zur eigenen Dürftigkeit. Ich muss mein eigener Lebensmeister sein, und mehr als mich selbst ist nicht zu

---

19 Ruth Baumann-Hölzle sagt es so: «Die Abhängigkeit ist das Primärphänomen gegenüber der Unabhängigkeit. Erst wenn die Abhängigkeit und die Unabhängigkeit miteinander in Einklang stehen, ist ein Mensch frei, seinen Autonomieanspruch zu leben. Seine Freiheit beruht darauf, dass er gegenüber seinen existenziellen Abhängigkeiten Verantwortung übernehmen kann. […] Freiheit ist nichts anderes als das bewusste Gestalten von Abhängigkeiten und Unabhängigkeiten» (Autonomie als Verantwortung, 240).

20 Rieger, Altern anerkennen und gestalten, 74.

21 Rentsch, Alt werden, alt sein, 185. Matthias Mettner spitzt diesen Sachverhalt aufs Äusserste zu, wenn er den Kern des Lebenssinns gerade darin sieht, «dass wir mit allen Sinnen begreifen, dass und wie wir aufeinander angewiesen, voneinander abhängig sind, wie wir einander brauchen, nötig haben.» Und er fügt hinzu: «Häufig lernen wir dies erst schmerzhaft, wenn wir am eigenen Leib erkranken oder ein uns naher Mensch erkrankt» (Seminar 5, 89).

haben. Ich muss mein eigener Kraftspender, Lehrer und Tröster sein. Ich muss der Bäcker meiner eigenen Lebensbrote sein.» Das aber wäre eine trostlose Existenz. Demgegenüber «ist es schön und lebenserleichternd, angewiesen zu sein»[22] und sich dafür im Modus des Empfangen-Könnens wahrzunehmen,[23] sich vielleicht sogar ein Stück weit aus der Hand geben und der Sorge anderer anvertrauen zu dürfen. Darin liegt eine mögliche Quelle von Sinnerfahrung – gerade in der Erfahrung eigener Hilfsbedürftigkeit und Abhängigkeit.

Andreas Kruse als Gerontologe betont darum seit Jahren immer wieder die Notwendigkeit einer engen «Verbindung von Selbständigkeit und Selbstverantwortung einerseits mit bewusst angenommener Abhängigkeit andererseits».[24]

8.3 Fragmenthaftigkeit: Unvollendet bleiben

Menschsein ist ein Entwicklungsprozess, ist ein ständiges Werden und Sich-Verändern. Dasselbe gilt für den Prozess des Alterns und die mit ihm gegebene Möglichkeit des Reifens, die nach Leopold Rosenmayr nie ein definitives Ziel feststehender Reife erreicht, sondern einen unabschliessbaren Entwicklungsprozess der Matureszenz darstellt.[25] Demgegenüber gibt es eine weit verbreitete Vorstellung, die Biografie eines Menschen

---

22 Steffensky, Charme des Glaubens, 81f. Allerdings fügt Steffensky dieser Aussage sofort die realistische Bemerkung hinzu: «Es ist eine schwere Kunst, bedürftig zu sein und sich trösten zu lassen, die Kunst der Passivität. Viel Erwachsenheit gehört zu ihr, vielleicht auch viele Lebensniederlagen» (ebd.).

23 Eberhard Jüngel sieht im Empfangen eine Grunddimension allen Menschseins, besonders im Gegenüber zu Gott. «Gott gegenüber ist der Mensch ein Nehmender» (Der alte Mensch, 321).

24 Kruse, Umgang mit Potentialen, 31. Bewusst angenommene Abhängigkeit ist für Kruse ein zentraler ethischer Wert einer Altersexistenz (Das letzte Lebensjahr, 219–222).

25 Rosenmayr, Die Kräfte des Alters, 159.

müsse im hohen Alter nicht nur an ihr Ende gelangen, sondern zu ihrer Vollendung kommen. Nach Hans-Martin RIEGER zielen viele normativen Vorstellungen einer Alterskultur dermassen auf Selbstvervollkommnung, «dass von einer grandiosen Ausdehnung einer Kultur des modernen Narzissmus gesprochen werden muss».[26] In diese Richtung weisen etwa Aussagen von Alfons AUER, dem zufolge ein wesentlicher Sinn des Alters darin besteht, «dem Ganzen seine letztmögliche Form zu geben» und die persönliche Freiheitsgeschichte zu vollenden.[27] Oder die Formulierung von Karl RAHNER, der Alter als das «Zur-Endgültigkeit-Kommen» des Lebens versteht,[28] ebenso wie die Meinung von Peter GROSS, das Leben gewinne im Altwerden seine Abrundung und Vollendung.[29]

Gegen solche Vollendungs-Vorstellungen ist von verschiedener Seite Kritik erhoben worden. Aus philosophischer Sich formuliert Odo MARQUARD pointiert: «Wir sind alsbald ohne Rücksicht auf Vollendungen am Ende. Wir sind stets mehr unsere Endlichkeit als unsere Vollendungen; unsere Mortalität besiegt unsere Finalität; unser Tod ist stärker als unsere tagtäglichen Teleologien, als unsere Lebensteleologie, als die Menschheitsteleologie. Justament das Alter macht das evident.»[30] Und von theologischer Seite wird immer wieder auf die Arbeiten von Henning LUTHER verwiesen, der die Vorstellung, menschliches Leben müsse zu einer Ganzheit gelangen, fundamental in Frage stellte und dem gegenüber für ein «Leben als Fragment» als der dem Menschen einzig angemessenen Lebensgestalt plädierte.[31] Sinn und Aufgabe des hohen Alters liegen demnach gerade nicht darin, in einem letzten existenziellen Kraftakt sein eigenes Leben zu vollenden. Das käme theologisch einer Selbst-

---

26 RIEGER, Altern anerkennen und gestalten, 68.

27 AUER, Geglücktes Altern, 140.135–158.262.

28 RAHNER, Vom Alter, 73.

29 GROSS, Wir werden älter, 13.

30 MARQUARD, Am Ende, nicht am Ziel, 51.

31 LUTHER, Leben als Fragment.

rechtfertigung und psychologisch einer Überforderung gleich. Das Ganze, das Vollendete ist kein menschlich erreichbares Mass. Dem Menschen entspricht das Fragmentarische, Unabgeschlossene; menschliche Existenz bleibt eine «unvollendete» – und darf es auch an ihrem Ende bleiben.[32] Gerade so weist sie nach theologischem Verständnis über sich selbst hinaus und bleibt offen auf eine verheissene Zukunft und Vollendung hin, die nicht ihre eigene Leistung sein kann und muss.

‹Erfolgreiches Altern› wäre in dieser Perspektive zu verstehen als ein Altern, das vom Zwang und der Illusion der Vollendung befreit die Brüchigkeit und Fragmentarität der eigenen Identität und Lebensgeschichte bejahen, Misslungenes annehmen und zu unerfüllt gebliebenen Träumen und Wünschen stehen kann. Eine Haltung auch, die damit Ernst macht, dass Menschen selbst noch im hohen Alter Werdende, also Unfertige sind.[33] Eine solche Einstellung zur eigenen Lebensgeschichte bezeichnet Erik H. Erikson als Ich-Integrität, die zu entwickeln er als Hauptaufgabe des höheren Alters versteht.[34] Diese Aufgabe ist in der Tat zentral für die Sinnfindung im hohen Alter. Wer sich die eigene Fragmenthaftigkeit eingestehen und die «konstitutive Unvollendbarkeit menschlichen Lebens»[35] anerkennen kann, dem wird es eher gelingen, im hohen Alter Sinnperspektiven zu finden – ohne die negativen Seiten des Lebens ausblenden oder sich einer «Tyrannei des gelingenden Alters»[36] aussetzen zu müssen.

---

32 «Ganzheit ist ein Prädikat, das dem lebendigen Menschen gerade nicht zukommt» (Schneider-Flume, Alter, 36).

33 Nach Thomas Rentsch «bleibt die einmalige Ganzheit [des Menschen, H. R.] unabgeschlossen und ist auch im Leben niemals abschliessend zu gestalten» (Das Altern und die Zeitlichkeit, 266).

34 Wenn Gunda Schneider-Flume diese Haltung theologisch abschätzig als «Selbstrechtfertigung durch harmonisierende Akzeptanz des Gegebenen» beschreibt (Alter, 67), scheint sie mir die psychologisch bedeutsame Intention dieses Konzeptes von Erikson misszuverstehen.

35 Körtner, Frailty, 114.

36 Schneider-Flume, Alter, 54.

8.4 Enden: Selbstbestimmtes Einwilligen und Abdanken

Hochaltrigkeit ist wesentlich bestimmt durch das Zugehen auf das Lebensende, auf Sterben und Tod, die in Gestalt von Krankheiten und Gebrechlichkeit ihr Bevorstehen schon im Leben ankündigen.[37] Damit verstärkt sich das Bewusstwerden der eigenen Endlichkeit und Vergänglichkeit, was oft ein zentraler Impuls ist, sich mit der Sinnfrage auseinanderzusetzen.[38] Vergänglichkeit ist ein wesentlicher Gesichtspunkt nicht nur für eine anthropologische Deutung des Alters[39], sondern für das Verständnis von Leben generell.[40] Werden und Vergehen gehören zusammen; nur in der Verschränkung von beiden ist

---

37 Diese physische und psychische Erfahrung, dass das Ende immer näher auf einen zukommt, bezeichnet die theologische Tradition mit einem von Gregor dem Grossen geprägten Begriff als *prolixitas mortis*. Andreas Kruse hat diese Sicht in neuerer Zeit insbesondere im Blick auf das Phänomen der Demenz bei Hochaltrigen zur Sprache gebracht, indem er demenzkranke Menschen als eine moderne Form des *memento mori* (lat.: «Bedenke, dass du sterben wirst») versteht. «In dem demenzkranken Menschen […] begegnen wir […] uns selbst in unserer Verletzlichkeit, Vergänglichkeit, Endlichkeit» (Menschenbild und Menschenwürde, 234).

38 Bäurle, Einleitung, 13. Für Ulrich Feeser Lichterfeld stellt das Alter(n) als Symbolisierung der Endlichkeit einen spezifischen und unersetzbaren Sinngehalt des hohen Alters dar (Lebenszyklus und Lebensverlängerung, 287).

39 Coors, Zeit und Endlichkeit, 268.

40 Endlichkeit gehört zum Menschsein jeden Alters. «Jeder Mensch wird nicht erst in der Todesstunde zum Sterblichen, sondern ist es von Geburt an schon. Geboren werden heisst: in eine Welt kommen, in der man sich den Tod holen wird. Wohin der Mensch in dieser Welt auch kommt, der Tod ist schon da und erwartet ihn. Daher leben wir nicht erst am Ende des Lebens, sondern zu jeder Zeit in der Nähe des Todes» (Höhn, Thanatodizee, 9). Aus philosophischer Sicht unterstreicht das immer wieder Thomas Rentsch: «Werden und Vergehen müssen beide als Aspekte des menschlichen *Werdens zu sich selbst* begriffen werden» (Alt werden, alt sein, 181).

Leben als Ganzes zu haben.[41] Altern als Zugehen auf den Tod trägt nach Andreas KRUSE schon in biologischer Perspektive «als entelechialer Vorgang einen Sinn in sich: Das Ziel ist der Tod des Individuums, der eine für die Erhaltung der Art zentrale Vorbedingung bildet».[42] Das ‹Enden› des Menschen ist dabei aber weder ein blosses biologisches ‹Verenden›, wie wir es im Tierreich beobachten können, noch ein ‹Vollenden›, das angesichts der für das Menschsein konstitutiven Fragmentarität nicht erreichbar ist. Vielmehr ist dieses Enden zu verstehen als die abschliessende Manifestation eines «Seins zum Ende» oder eines «Seins zum Tode», das nach Martin HEIDEGGER unser ganzes Dasein von Anfang an bestimmt.[43]

Allerdings scheint die Abwehr gegenüber der eigenen Vergänglichkeit tief im Menschen verwurzelt zu sein – wohl als Ausdruck eines in der Evolutionsgeschichte wichtigen Überlebenstriebs. Der Sinn des Lebens scheint im Überleben, im Ausschöpfen des Lebens und in der Lebensverlängerung zu bestehen[44], nicht im Zugehen auf den Tod. Dass der Sinn des Lebens sich immer auf ein endlich begrenztes, sterbliches Leben bezieht, weil es ein anderes nicht gibt, ist existenziell schwerer nachzuvollziehen.[45] Norbert BOLZ trifft darum etwas

---

41 GROSS, Wir werden älter, 41.43.

42 KRUSE, Das Leben im Sterben gestalten, 260.

43 KÜNG, Ewiges Leben?, 56; HEIDEGGER, Sein und Zeit, 255. Die reflektierte Auseinandersetzung mit der eigenen Endlichkeit und mit altersassoziierten Verlusten gehört darum nach Ulrich H. J. KÖRTNER zu jedem sinnerfüllten Leben (Ethik, 60).

44 «Der Wunsch nach Lebens*verlängerung* […] ist nichts anderes als eine *situationsbedingte Form des allgemeineren Wunsches weiterzuleben*. Der aber gehört wohl zum Urgestein dessen, was wir sind. Der Wunsch, am Leben zu bleiben, ist sozusagen der mentale Niederschlag einer organismischen Tendenz oder Finalität, die uns als Lebewesen kennzeichnet» (MÜLLER, Lebensverlängerung, 168).

45 Rebekka REINHARD hat darum nicht ganz Unrecht, wenn sie pointiert formuliert: «Ein normales Leben ist für uns ein Leben, in dem der Tod möglichst nicht vorkommt. […] Wir haben ein bemerkenswert gestörtes Verhältnis zum Tod» (Die Sinn-Diät, 41).

Zentrales, wenn er lapidar feststellt: «Endlichkeit muss man lernen.»[46] Solches Lernen ist umso nötiger auf dem Hintergrund der abendländisch-christlichen Kulturgeschichte, die von einem fundamental negativen Todesverständnis geprägt ist, demzufolge der Tod beziehungsweise die Sterblichkeit des Menschen etwas ist, das eigentlich nicht sein sollte und von Gott ursprünglich nicht gewollt war.[47] So kann Susanne Heine ganz im Sinne der offiziellen christlichen Lehrtradition heute noch behaupten: «Der Tod ist ein Skandal. [...] Der Tod ist [...] eine Tatsache, die [...] kein Mensch gutheissen kann.»[48] In einer solchen Sichtweise ist das Zugehen auf das Sterben als Grundzug des Lebens generell und von Hochaltrigkeit im Besonderen nur schwer als sinnvoll zu beurteilen.

Demgegenüber gilt es gerade in theologischer Perspektive neu zu bedenken, dass die Endlichkeit menschlicher Existenz nach biblischem Verständnis, wie Gunda Schneider-Flume richtig festhält, eine gnädige Begrenzung darstellt,[49] die dem Menschen zugute kommt, nicht eine Bestrafung oder ein Fluch, die ihm etwas Negatives zufügen. Einwilligung in die Sterblichkeit bedeutet nicht Lebensverneinung oder Verlust an Lebenssinn, sondern Bejahung des realen, das heisst begrenzten Lebens, dessen Situationen und Momente dadurch

---

46 Bolz, Das Wissen der Religion, 128.

47 Hier hat sich wirkungsgeschichtlich das paulinische (Miss-)Verständnis der biblischen Urgeschichte von Gen 1–3 nachhaltig durchgesetzt, demzufolge der Tod die Strafe für die Sünde Adams war (Röm 6,23), der vor diesem «Sündenfall» noch unsterblich war. Laut Paulus ist der Tod der letzte, ultimative Feind des Menschen schlechthin (1Kor 15,26). Zur Problematik und Korrekturbedürftigkeit dieser offiziellen christlichen Lehrbildung vgl. Jörns, Notwendige Abschiede, 266–285; Härle, Dogmatik, 487–489; Rüegger, Das eigene Sterben, 42–48.

48 Heine, Koordinaten des Daseins, 17. Darauf, dass theologisch und frömmigkeitsmässig im Blick auf eine solche traditionelle Sicht des Todes längst ein markanter Wandel der Vorstellungen stattgefunden hat, weist allerdings Günter Thomas, Das hohe Alter, 26f., hin.

49 Schneider-Flume, Alter, 14.

umso grössere Bedeutung bekommen. Das *memento mori*, das Sich-bewusst-Werden der eigenen Sterblichkeit, und das *carpe diem*, das achtsame Ausnutzen und Auskosten der gegebenen begrenzten Zeit, sind zwei Seiten derselben Medaille. Das zu verstehen und im Lebensvollzug ernst zu nehmen, ist Gegenstand einer *ars moriendi*, der Kunst, sich mit der eigenen Endlichkeit anzufreunden.[50] Diese wiederum ist Ausdruck des Bemühens, Endlichkeit zu lernen. Wer Lernschritte auf diesem Wege macht, findet neue Zugänge zum Prozess des Loslassens und damit neue Sinnperspektiven in der Aufgabe des Endens, des bewussten Zugehens auf das Ende des Lebens, und in der Einwilligung in die eigene Endlichkeit.[51]

Dass die Endlichkeit des Lebens gnädige Begrenzung und Sterben stimmig, wünschbar, ja sinnvoll und deshalb bejahenswert ist, wird dort einsichtig, wo Menschen im hohen Alter so krank oder lebensmüde werden, dass sie sich nach dem Tode sehnen und ihre Hoffnung darauf zielt, möglichst nicht mehr lange weiterleben zu müssen, weil das, was ihnen Gegenwart und Zukunft allenfalls noch bringen können, nicht mehr erstrebenswert erscheint.[52] Der oben bereits mehrfach zitierte Pfarrer und Schriftsteller Kurt MARTI beschreibt seine eigene Situation mit den Worten: «Ich habe das Gefühl, ich wäre doch überfällig, überzählig mit mehr als 92 Jahren. Es wäre längst Zeit, dass ich hätte sterben dürfen. So habe auch ich das Gefühl, dass der liebe Gott mich vergessen hat. Das Leben wird ein Leerlauf. Ich spüre das sehr stark. Ja, was soll ich eigentlich noch? Deshalb

---

50 Zu Grundfragen einer heutigen *ars moriendi* vgl. Heinz RÜEGGER, Das eigene Sterben.

51 Alfons AUER sieht im Enden die Möglichkeit, einen authentischen Sinnwert zu realisieren (Geglücktes Altern, 111).

52 Es geht hier selbstverständlich um Situationen, in denen dieser Überdruss am Leben und dieser Wille zum Sterben nicht Ausdruck einer behandelbaren Krankheit (z. B. einer Depression) ist, sondern Ausdruck der subjektiven Beurteilung einer im Wesentlichen nicht veränderbaren Situation durch eine urteilsfähige Person auf dem Hintergrund ihres bereits gelebten Lebens.

hoffe ich jeden Abend beim Einschlafen – es ist mein Nachtgebet –, ich würde am nächsten Morgen nicht mehr erwachen.»[53] Dem Sprecher dieser Sätze erklären zu wollen, sein für ihn zum Leerlauf gewordenes Leben sei doch trotz allem immer noch irgendwie sinnvoll, wäre wohl arrogant und zynisch. Als sinnvoll leuchtet in dieser Lebenssituation – durchaus nachvollziehbar – nur noch eines auf: die noch ausstehende Möglichkeit des Endens, des Ans-Ende-Kommens dieses Lebens, das ein gutes, privilegiertes, von weltweiter Anerkennung und von liebevollen Beziehungen im sozialen Umfeld geprägtes Leben war, nun aber im hohen Alter seinen Sinn verloren hat. Es ist darum wichtig, zu unterscheiden zwischen der Sinnhaftigkeit eines Lebens einerseits und seinem Wert oder seiner Würde, die natürlich nicht im geringsten in Frage stehen, andrerseits. Wird diese Unterscheidung – wie dies in theologischen Überlegungen oft geschieht – nicht gemacht, kommt es zu pauschalisierend-abstrakten Aussagen wie derjenigen von Gunda Schneider-Flume, dass es grundsätzlich kein sinnloses Leben gebe, weil das in Gottes Erbarmen gründende Leben selbst der Sinn sei.[54] Mit einer solchen Sicht dürfte man dem Selbstverständnis hochaltriger Menschen in vielen Fällen nicht gerecht werden.

Die Sinnfrage stellt sich heute für Menschen im hohen Alter häufig als Frage, ob sie denn noch weiterleben wollen oder nicht. Denn in einer langlebigen Gesellschaft mit einem Gesundheitswesen und einer hochentwickelten Medizin, die über zahlreiche Möglichkeiten der Lebensverlängerung und der Todesverhinderung verfügen, wird nach Einschätzung des Sozialgerontologen François Höpflinger «das Risiko, ‹länger zu leben› als gewünscht […] immer mehr zu einem Lebensthema».[55]

---

53 Marti, Gott ist nicht in den Starken mächtig, 101.

54 Schneider-Flume, Alter, 90.98.

55 Höpflinger, Zum Generationenwandel, 105. Auch Jan Baars weist auf diese Problematik hin: «It is not only possible to die too early, but also to die too late» (Aging and the Art of Living, 83).

Ging man früher davon aus, dass der Zeitpunkt des Sterbens von Gott als dem Herrn über Leben und Tod oder vom Schicksal bestimmt werde, haben wir die Frage, wann das Leben enden solle, längst weitgehend in die eigenen Hände genommen und aus dem Schicksal ein «Machsal» (Odo MARQUARD) gemacht.[56] Andreas HELLER weist darauf hin, dass «der moderne Mensch mit den neuen Freiheiten nicht nur Möglichkeiten [hat], er steht auch unter dem Zwang, wählen zu müssen. Er kann nicht nur wählen, er muss sein Leben und sein Sterben wählen, gestalten, als Projekt betrachten.»[57] Insofern kann man mit Andreas KRUSE in der verantwortlichen Auseinandersetzung mit Sterben und Tod eine produktive Leistung des alten Menschen sehen, in der dieser einen Aspekt von Selbstverantwortung wahrnimmt.[58]

Dass Sterben heute schon, und in Zukunft noch verstärkt, mit dem Entscheid des in der Regel alten Menschen einhergeht, sterben zu wollen beziehungsweise das Sterben bewusst zuzulassen, rückt das Enden menschlichen Lebens in besonderer Weise in den Horizont der Sinnfrage. Denn ein Entscheid darüber, ob weiter gegen das Sterben anzukämpfen oder in dieses einzuwilligen sei, hat unmittelbar mit der Sinnfrage zu tun: zum einen mit der Frage, ob es denn noch wünschbar sei, weiter zu leben, zum andern mit der Frage, ob das Enden

---

56 In der Schweiz ist es heute bereits so, dass in 58,7 % aller Todesfälle dem Sterben entsprechende menschliche Entscheidungen, sog. *medical end-of-life decisions*, insbesondere Entscheidungen, auf lebensverlängernde Massnahmen zu verzichten, also passive Sterbehilfe zu leisten) vorausgehen (SCHMID et al., Medical end-of-life decisions; BOSSHARD et al., Medical End-of-Life Practices).

57 HELLER, In Ruhe sterben?, 9. HELLER spricht diesbezüglich vom «Multioptionsdilemma des Sterbens». Wenn Barbara STÄDTLER-MACH unterstreicht, wie wichtig die «Gewissheit [sei], dass nicht der Mensch es ist, der das Leben abschliesst, sondern Gott selbst» (Würde, Wert und Sinn des Alters, 266), so dürfte diese theologische Deutung an der Realität heutigen Sterbens weithin vorbeizielen.

58 KRUSE, Das letzte Lebensjahr, 164.206–209.

des Lebens in sich als sinnvoll wahrgenommen werden kann. Denn so etwas wie eine ethische Pflicht zum Weiterleben im hohen Alter gibt es nicht.[59] Im Gegenteil: «Die Entscheidung gegen das Weiterleben kann eine überaus verantwortungsvolle Entscheidung werden, die allerdings ich über mich zu treffen habe und kein anderer Mensch über mich.»[60] Angesichts der immer wieder feststellbaren Ambivalenz hochbetagter, schwer kranker Menschen im Blick auf die Alternative: Einwilligung ins Sterben oder Wille zum Weiterleben, ist eine solche selbstbestimmte Entscheidung oft nicht einfach; sie kann mitunter als Überforderung empfunden werden. Hier dürfte sich als hilfreich erweisen, wenn sich jemand schon vor dem Entstehen einer kritischen, potenziell terminalen Situation im Sinne einer *ars moriendi* mit dem Gedanken des Sterbens vertraut gemacht hat.[61] Und die Option des Sterbens wird umso mehr als sinnvoll empfunden werden können, je mehr das Enden als ein ‹Abdanken› vollzogen werden kann: als ein Sich-Verabschieden vom Leben in einer Haltung der Dankbarkeit für den zurückgelegten Lebensweg und die dabei erfahrene Lebenssättigung.[62]

Hans-Martin Rieger hat vorgeschlagen, solches Loslassen im Enden in theologischer Perspektive nicht als einen von aussen aufgenötigten Verlust zu verstehen, sondern als ein willentlich vollzogenes, selbstbestimmtes Zurückgeben der Gabe des Lebens an den Geber dieser Gabe, an Gott.[63] Eine solche Sicht beinhaltet sowohl den Aspekt der Dankbarkeit (des

---

59 Körtner, Frailty, 116; Rehmann-Sutter, Leben enden lassen, 286.

60 Jüngel, Hoffnung für das Alter, 128.

61 Wobei zu bedenken ist, dass das Vertrautsein mit dem *Gedanken* des Sterbens noch lange nicht heisst, dass jemand sich auch mit der *realen Situation* des Sterbens anfreunden kann!

62 Fulbert Steffensky hält fest: «Wir müssen abdanken. Abdanken ist ein schönes altes Wort. Es heisst, sich mit Dank verabschieden. […] Abdanken zu können ist ein Stück Gewaltlosigkeit, die uns Alte schöner macht und die bewirkt, dass unserer Nachkommen mit Güte und Zärtlichkeit an uns denken können» (Schwarzbrot-Spiritualität, 229f.).

63 Rieger, Alterslob, 143.

‹Abdankens›) als auch denjenigen der eigenverantwortlichen Freiheit im (Mit-)Entscheiden, wann die Zeit zum Sterben gekommen sei.[64] In dieser Perspektive können sich neue Sinnperspektiven menschlichen Endens erschliessen und die Erfahrung der Endlichkeit irdischen Lebens kann mit einer transzendierenden Ausrichtung über den Tod hinaus verbunden werden.[65]

---

64 Zu dieser Freiheit gehört heute auch das Mit-Entscheiden über die Gestaltung des Sterbeprozesses; zu denken wäre dabei etwa an Entscheidungen im Blick auf passive Sterbehilfe (Verzicht auf lebensverlängernde Massnahmen), indirekte Sterbehilfe (Schmerzbekämpfung unter Inkaufnahme eines gewissen Risikos der Lebensverkürzung), Sterbefasten (Verzicht auf Nahrungs- und Flüssigkeitszufuhr) bis hin zur Entscheidung, als Ultima Ratio den Weg eines begleiteten Suizids zu wählen.

65 Darin liegt ein spezifisch christlicher Aspekt des Verständnisses des Alters und der mit ihm gestellten Aufgabe des Endens (Kramer, Die spirituellen Ziele im Alter, 127).

9.

Ewiges Leben als sinn-transzendente Heilswirklichkeit

Nach christlichem Glauben sind Menschen dazu bestimmt, die Erfüllung und Vollendung ihres Lebens – durch Tod und Auferstehung sowie durch ein zurechtbringendes, verwandelndes ‹Gericht›[1] hindurch – in einer postmortalen Existenz zu finden. Diese Bestimmung wird üblicherweise als Teilhabe am Reich Gottes oder als ewiges Leben umschrieben.[2] Darin kommt die Überzeugung zum Ausdruck, dass menschliches Leben im Verlauf einer irdischen Biografie immer unvollendet, unabgeschlossen und fragmentarisch bleibt und in seiner Endlichkeit über sich selbst hinausweist auf etwas Grösseres, Kommendes, das zu realisieren menschliche Möglichkeiten im Kontext irdischen Lebens übersteigt.[3] Es ist üblich, in theologischer Rede davon auszugehen, dass diese Berufung zu ewigem Leben dem irdischen Leben eines Menschen seinen letzten Sinn gibt. So meint Hans Küng etwa: «Mensch und Welt sind zu einer Vollendung bestimmt, die ihnen durch Gott selber zukommen wird. Im Leben der zukünftigen Welt: nur von daher kommt ein letzter *Sinn* in Menschenleben und Menschheitsgeschichte.»[4]

Ich halte diese Zuordnung von letzter Bestimmung des Menschen einerseits und Sinn seines irdischen Lebens andrerseits für unangemessen. Die menschliche Bestimmung zu

---

1 Ich spreche bewusst nicht – wie es die Lehrtradition durch alle Jahrhunderte weitgehend getan hat – von einem Gericht mit doppeltem Ausgang im Sinne ewiger Seligkeit für die Gerechten und ewiger Verdammnis für die Gottlosen oder Ungerechten (Dan 12,2; Mt 25,46), da ich diese Gerichtsvorstellung für theologisch, christologisch und soteriologisch verfehlt halte. Vgl. hierzu Härle, Dogmatik, 610–628.

2 Vgl. Küng, Ewiges Leben? Ewiges Leben meint dabei nicht eine endlose zeitlich-quantitative Erstreckung irdischen Lebens (Unsterblichkeit), sondern eine qualitative Transformation irdisch-leiblichen Lebens in eine ‹geistige Leiblichkeit› von unvergänglicher Herrlichkeit (1Kor 15,35–49). Durch Gemeinschaft mit Gott in glaubendem Vertrauen wird Teilhabe an diesem ewigen Leben schon hier und jetzt antizipierend möglich.

3 Coors, Zeit und Endlichkeit, 267.

4 Küng, Ewiges Leben?, 286f.

ewigem Leben in einer postmortalen Wirklichkeit der Auferstehung ist, um nochmals auf die schon oben angeführte Unterscheidung BONHOEFFERS[5] zurück zu greifen, etwas «Letztes». Die wie auch immer gedeutete Sinnhaftigkeit irdischen menschlichen Lebens ist demgegenüber bloss etwas «Vorletztes». Das Vorletzte weist zwar als relative menschliche Grösse auf das Letzte als ewige, absolute Grösse hin und bleibt deswegen immer offen für das Kommende. Das Letzte, das Heil oder das ewige Leben ist aber seinerseits nicht der Sinn des irdischen Lebens als vorletzter Grösse. Sinn hat es nur mit dem Vorletzten zu tun. Ewiges Leben in der Vollendung ist nicht der Sinn irdischen Lebens, sondern Bestimmung des menschlichen Lebens in einer Dimension *jenseits* irdischer Sinnfindung und Sinnerfahrung. Umgekehrt ist dem Menschen so etwas wie ein letzter Sinn im irdischen Leben nicht erschwinglich.[6]

Wenn Helmut GOLLWITZER schreibt, Sinn sei im menschlichen Leben immer nur im Modus der Verheissung zu haben, sei deshalb in «Sinnhoffnung» vertrauensvoll zu erwarten, auch wenn von Sinn nichts zu sehen oder zu erfahren sei,[7] so scheint mir das verwirrlich: Das Evangelium verspricht dem Menschen als «Letztes» ewiges Leben oder Heil in einem das irdische Leben transzendierenden Aufgehobensein bei Gott – es garantiert aber nicht die Sinnhaftigkeit irdisch-menschlichen

---

5 Siehe oben Kap. 2.4.

6 Wenn Susanne HEINE sagt, «die christliche Matrix enthalte zuletzt die entscheidende Zusage, nämlich im Reich Gottes erwartet zu werden» (Koordinaten des Daseins, 17), so ist das zweifellos richtig; es ist aber keine Antwort auf die Frage nach dem Sinn irdisch-menschlichen Lebens! Ein nur noch als Leerlauf empfundenes irdisches Leben wird dadurch nicht sinnvoll.

7 GOLLWITZER, Krummes Holz, 320.323. Auch Ulrich H. J. KÖRTNER meint, es sei Aufgabe der Seelsorge, den Sinn des fragmentarischen Lebens auch gegen allen Augenschein als Verheissung (*promissio*) zuzusprechen (Leib und Leben, 179). Vgl. dazu Marion BÄR, derzufolge zu Sinn auch die Aspekte von Sehnsucht und Verheissung gehören (Sinn erleben, 169).

Lebens![8] Ich habe schon darauf hingewiesen, dass der letzte Halt des Glaubens nicht in der Erkenntnis eines zugesprochenen Sinns im Leben besteht, sondern in der Gewissheit, in Gottes Hand zu sein, der das Werk seiner Hände nicht fahren lässt.[9] Das aber ist keine Antwort auf die Sinnfrage im Leben; es ändert nichts an der starken Erfahrung eines Kurt Marti, sein Leben als Hochbetagter sei ein sinnloser Leerlauf geworden, dessen ‹Sinn› höchstens noch in seiner möglichst baldigen Beendigung zu erhoffen sei. Insofern hat Gollwitzer Recht, wenn er zu bedenken gibt, die Sinnfrage werde «durch die christliche Botschaft nicht einfach beantwortet. Sie wird gegenwärtig so beantwortet, dass das durch Hoffnung getröstete Durchhalten bis zu ihrer zufriedenstellenden, zum Frieden bringenden Beantwortung möglich wird. Die Fragen werden nicht einfach gelöst; aber es kann nun mit den ungelösten Fragen gelebt werden.»[10] Dass alle Sinnfragen einmal eine zufriedenstellende Lösung finden werden, darf allerdings in Frage gestellt werden. Die Vorstellung, die Sinnfragen der Millionen von Opfern menschlicher Greueltaten in Kriegen und Verfolgungen durch alle Jahrhunderte hindurch fänden einmal eine zufriedenstellende Beantwortung, käme einer Verharmlosung all dieser Leiden gleich und wäre damit eher Ausdruck eines Zynismus als eine Wohltat göttlicher Barmherzigkeit. Gerd Theissen ist zuzustimmen: «Die Frage nach einem *Sinn* des Leidens muss unbeantwortet bleiben.»[11]

---

8 Hier scheint mir in einer theologischen Anthropologie des Alterns eine kritischere Reflexion menschlicher Endlichkeit im Spannungsfeld von Zeitlichkeit des geschöpflichen Lebens und verheissener Ewigkeit der Auferstehung wünschbar zu sein (Coors, Gutes Leben im Alter?, 38).

9 Sauter, Das verborgene Leben, 297; Ps 138,8. Allenfalls liesse sich mit der 90-jährigen Leni Altwegg formulieren: «Ich fühle mich eingebettet in einen Sinnzusammenhang – undurchschaubar, aber letztlich zugewandt. Aus ihm kann ich nicht herausfallen» (Ich habe gelebt, 90).

10 Gollwitzer, Krummes Holz, 325.

11 Theissen, Glaubenssätze, 413.

Insofern teile ich die Meinung von Günter Thomas, es sei nicht Aufgabe des Glaubens, als «religiöse Kontingenzbewältigungspraxis jede Kontingenzerfahrung positiv zu puffern». Und Frank Mathwigs Mahnung an Theologie und Kirchen, eher kritische Distanz zu wahren gegenüber dem aktuellen Boom von Begehrlichkeiten nach Sinnhaftigkeit, scheint mir beherzigenswert: «Gegen überstiegene Souveränitätsphantasien, die auch noch das letzte himmelschreiende Elend in ein normatives Glücks- oder Sinnsystem einhegen wollen, bietet christliche Seelsorge eine überraschend einfache Alternative: Mut zur Sinnlosigkeitstoleranz. Wir können – und müssen manchmal – auch gegen das eigene Verstehen anleben. Leben braucht kein Verstehen, um gelebt zu werden.»[12] Und ewiges Leben verspricht als sinntranszendentes Heil das umfassende Gehaltenwerden in Gottes Hand durch seine Zuwendung in Liebe – nicht aber verspricht es eine zufriedenstellende Beantwortung aller menschlichen Sinnfragen.

---

12 Mathwig, Worum sorgt sich Spiritual Care?, 37.

10.

Sinnaspekte der Hochaltrigkeit im Blick auf eine Gesellschaft des langen Lebens

Wir haben bisher die Frage nach Sinnaspekten von Hochaltrigkeit vornehmlich aus dem Blickwinkel des alten Menschen thematisiert. Und in der Tat kommt dieser Fragestellung besondere existenzielle Relevanz zu. Diese Perspektive ist es auch, in der das Leiden an einem Sinnverlust im hohen Alter besonders deutlich erkennbar wird. Zugleich haben wir schon darauf hingewiesen, dass individuelle Sinnfindung immer in einem bestimmten gesellschaftlich-kulturellen Kontext mit seinen ihm eigenen Wertvorstellungen geschieht: zum Beispiel im Blick auf Sinnhaftigkeit oder Sinnlosigkeit eines Lebens im hohen Alter. Aus diesem Grunde muss die Sinnfrage in Bezug auf Hochaltrigkeit auch aus der Perspektive der Gesellschaft als ganzer gestellt und gefragt werden, welchen Sinn wir darin finden können, immer mehr zu einer Gesellschaft des langen Lebens mit einem stark wachsenden Anteil alter und hochaltriger Menschen zu werden.[1]

Der medial vermittelte öffentliche Diskurs zur demografischen Entwicklung interpretiert die markante Alterung der Gesellschaft insgesamt vor allem als Problem. Die Gesellschaft sieht in körperlich geschwächten, fragilen, alternden Menschen weniger Individuen mit Potenzialen, sondern vielmehr eine Belastung für das Kollektiv.[2] In einer solchen Situation ist es, wie Fulbert Steffensky realistisch festhält, leichter zu sagen, warum eine Gesellschaft die Alten nicht braucht, als warum sie sie braucht.[3] Allerdings ist die Frage, ob oder warum die Gesellschaft hochaltrige Menschen «braucht», eh problematisch. «Brauchen» im eigentlichen Sinn dieses Wortes tut sie Men-

---

1 In der Schweiz betrug der Anteil der Altersgruppe 65+ im Jahr 1900 5,8 %, stieg bis ins Jahr 2012 auf 17,4 % und dürfte nach dem mittleren Entwicklungsszenario im Jahr 2060 bei 28,3 % liegen (Zahlen des Bundesamtes für Statistik). In Deutschland umfasste dieselbe Altersgruppe im Jahr 1871 5 % der Gesamtbevölkerung, im Jahr 2014 21,4 % und dürfte bis 2060 auf 34 % anwachsen (Zahlen des Statistischen Bundesamtes).

2 Wiegand, Kommt die Weisheit mit dem Alter?, 217.

3 Steffensky, Schwarzbrot-Spiritualität, 216.

schen im vierten Lebensalter gar nicht. Von der biologischen Evolution her ist eine verbreitete Hochaltrigkeit sowieso nicht vorgesehen. Diese haben wir der biologischen Natur vielmehr abgetrotzt – als zivilisatorische Errungenschaft. Die Frage ist deshalb nicht, warum eine Gesellschaft viele Menschen im hohen Alter braucht. Die Frage ist auch nicht, was denn abgesehen von ihrer allfälligen ‹Brauchbarkeit› *der* Sinn der Hochaltrigkeit in der heutigen Gesellschaft sei. Die Frage ist vielmehr, wie denn eine Gesellschaft, die nun einmal rein faktisch durch Langlebigkeit und eine wachsende Gruppe von Hochaltrigen charakterisiert ist, nicht nur verantwortlich mit den Angehörigen dieser Altersgruppe umgeht, so dass diese in ihr ein sinnvolles Leben führen können, sondern wie sie diese so ernst nehmen kann, dass sie von ihren Erfahrungen des Altseins etwas lernt, was zu einer vertieften Humanisierung der Gesellschaft beiträgt.[4]

Für ein sinnerfülltes Leben alter Menschen ist es entscheidend, dass sie in einem gesellschaftlichen Kontext mit einer altersfreundlichen Kultur leben können.[5] Eine solche Kultur wird aber nur entstehen, wenn sich eine Gesellschaft die in den letzten hundert Jahren gewonnene Lebenszeit und das damit zum biografischen Normalfall gewordene hohe Alter wirklich aneignet und Vorstellungen entwickelt sowie alltagspraktische Möglichkeiten realisiert, wie die Lebensphase der Hochaltrigkeit mit ihren möglichen Begleiterscheinungen stärkerer körperlicher und geistiger Beeinträchtigung sinnvoll gelebt werden kann.[6] Nur so wird der affirmative Satz aus dem vierten deutschen Altersbericht ernst genommen, dass «das Leben Hochaltriger individuell und für die Gesellschaft sinnvoll ist».[7]

---

4 Darin könnte man eine – in einem weiten Sinn verstandene – Form der Produktivität des Alters sehen: Produktivität verstanden als jede Form der Bereicherung anderer Menschen (Kruse, Umgang mit Potentialen, 47).

5 Kruse, Grenzgänge im Alter, 38. Was zu einer solchen altersfreundlichen Kultur gehört, expliziert Kruse in: Umgang mit Potentialen, 56–61.

6 Sperling, Todeswünsche ernst nehmen, 26.

7 BFSFJ, Vierter Bericht zur Lage der älteren Generation, 349.

Inwiefern das hohe Alter eines beträchtlichen Teils der Bevölkerung einen sinnvollen, spezifischen Beitrag zur Kultur einer Gesellschaft darstellen kann, soll abschliessend unter fünf Gesichtspunkten zur Sprache kommen. Diese Punkte gehen alle von der Überzeugung aus, die Thomas Rentsch in den letzten Jahren immer wieder artikuliert hat: dass sich im hohen Alter Grundphänomene des Menschseins besonders deutlich manifestieren, die in allen Lebensphasen bedeutsam sind,[8] in jüngeren Jahren aber leichter überspielt und in den Hintergrund gedrängt werden können. Dabei kann das Leben aller Menschen und die Humanität einer Gesellschaft gewinnen, wenn diesen allgemein menschlichen, existenziellen Grundphänomenen gesamtgesellschaftlich-kulturell angemessen Beachtung geschenkt wird.[9]

10.1 Infragestellung dominanter Werte unserer Leistungsgesellschaft

Westliche Gesellschaften sind in hohem Mass geprägt von kulturellen Werten, die der Generation der jungen Erwachsenen entsprechen: Leistung, Konsum, Genuss, Unabhängigkeit, Mobilität, Gesundheit, Fitness, Geschwindigkeit, Veränderung. In

---

8 Rentsch versteht das Alter, insbesondere das hohe Alter, als «eine Radikalisierung der menschlichen Grundsituation» (Altern und Lebenssinn, 27; Das Altern und die Zeitlichkeit, 265f.).

9 Eine solche Beachtung muss allerdings gegen den dominanten gesellschaftlich-kulturellen Mainstream kritisch eingefordert und in steter bewusstseinsbildender Arbeit als für eine lebensfreundliche Kultur relevant erwiesen werden. Judith Giovannelli-Blochers Bemerkung ist jedenfalls zu beherzigen: «Die Parolen dieser Gesellschaft, mit welcher sie die Hochaltrigen aufzumuntern versuchen: Sie haben Zeit, dürfen langsamer werden, sie können innere Werte kultivieren, loslassen, an die Ewigkeit denken, sie gewinnen Altersweisheit, sie können Lebenserfahrung auskosten etc. etc. – diese Sätze wirken verlogen, da kein Mensch vor Eintritt der Fragilität von diesen Werten etwas wissen will» (Geht es noch?, 13).

solchen Werten wird das Potenzial und die Innovationskraft einer Gesellschaft gesehen. Und sie prägen als normative Orientierungsgrössen – bewusst und vielleicht noch stärker unbewusst – das der Gesellschaft zugrunde liegende Menschenbild. Dieses gibt vor, wie ein Mensch zu sein hat, wenn er sich gesellschaftlicher Wertschätzung sicher und in seiner sozialen Würde anerkannt sein will.[10] Hochaltrige Menschen entsprechen diesem Massstab in mancherlei Hinsicht nicht, weswegen das hohe Alter Gefahr läuft, als Lebensphase minderen Ranges abgewertet zu werden. Das kommt besonders deutlich im Ansatz des Anti-Aging zum Ausdruck.

Demgegenüber stellt sich von einer gerontologisch reflektierten Position des Pro-Aging her die Frage, ob die Situation alter, vor allem hochaltriger Menschen nicht umgekehrt eine kritische Anfrage an das in unserer Gesellschaft dominierende Menschenbild mit seinen impliziten Wertvorstellungen darstellt. Andreas Kruse hält eine solche kritische Reflexion dominierender anthropologischer Leitbilder jedenfalls für eine wichtige individuelle und gesellschaftlich-kulturelle Aufgabe.[11]

Gegen das Ideal einer ständigen quantitativen Steigerung und Überbietung durch den Imperativ des Noch-Mehr, Noch-Schneller, Noch-Besser und gegen die Selbstzweckhaftigkeit des technisch-instrumentellen Fortschritts kann die Gesellschaft nach Thomas Rentsch und Morris Vollmann im Umgang mit Menschen im hohen Alter den lebensfreundlichen Wert der Langsamkeit und der Entschleunigung entdecken, des Innehaltens und des ruhigen Zurückblickens, des Masshaltens und des gelassenen Umgangs mit Grenzen, nicht zuletzt derjenigen der eigenen Endlichkeit.[12] Alte Menschen können eine immer gieriger konsumierende und natürliche Ressourcen verschleissende Gesellschaft darauf hinweisen, dass Mässi-

---

10 Zur Unterscheidung von inhärenter Menschenwürde und kontingenter sozialer Würde vgl. Rüegger, Alter(n) als Herausforderung, 41–48.

11 Kruse, Das Leben im Sterben gestalten, 250.

12 Rentsch/Vollmann, Der Sinn des Alterns, 176.

gung und Genügsamkeit Lebensqualität bedeuten können und dass es Ausdruck von Freiheit sein kann, nicht mehr ständig hinter den neusten Innovationen herjagen zu müssen. Ja, Peter Gross sieht in der Einübung einer Haltung von Selbstbescheidung und Mässigung geradezu den epochalen Sinn des Altwerdens und «ein notwendiges Korrektiv der aggressiven und hektischen Grundstimmung, in die moderne Gesellschaften hineingeraten sind».[13] Alte leisten damit «Pionierarbeit in der Entwicklung von Lebensformen, in denen Beschränkung und Verzicht und nicht Potenz und Kraft die höchsten Werte sind. Der geschichtliche Sinn von Langlebigkeitsgesellschaften liegt […] in der Abkehr von der Kraftprotzerei, von der Vorstellung ewigen Wachstums und in einer latenten Weltmässigung.»[14] Würde die Gesellschaft in diesem Sinne mehr dem Lebensrhythmus hochaltriger Menschen entsprechen, sie würde insgesamt humaner und käme auch den Bedürfnissen anderer Bevölkerungsgruppen entgegen: junger Eltern mit kleinen Kindern, jüngerer Kranken, Menschen mit einer Behinderung, psychisch Leidenden, die mit dem Tempo der modernen Welt nicht mehr mithalten können, und burnout- sowie herzinfarktgefährdeter Manager, die im Hochleistungs-Wettbewerb auf der Strecke zu bleiben drohen. Gross sieht gerade in dem sich im Nachlassen und Schwächerwerden der Hochaltrigen manifestierenden Weltfremden und Weltmässigenden das vielleicht Weltnotwendige.[15]

Damit von der Präsenz einer immer grösser werdenden Gruppe alter Menschen in der Bevölkerung solche korrigierenden, lebensfreundlichen Impulse ausgehen können, ist es allerdings wünschbar, dass alte Menschen selbst ihr Altsein und die ihm entsprechenden Werte und Lebensrhythmen selbstbewusst und affirmativ leben, statt sich bis ins hohe Alter an den Massstäben des jungen Erwachsenenalters zu orientieren und

13 Gross, Wir werden älter, 138.

14 A. a. O., 139.

15 A. a. O., 15.

das eigene altersbedingte Zurückbleiben hinter diesen Massstäben nur zu bejammern. Demgegenüber wäre ein Weltbezug und ein Menschenbild, die der von Lars Tornstam beschriebenen Gerotranszendenz entsprechen,[16] ein sinnvoller Beitrag des hohen Alters zum Leben der Gesellschaft.

10.2 Erinnerung an die Selbstzwecklichkeit des Seins

Im Unterschied zum zweiten Lebensalter der Berufstätigkeit und der familiären Verpflichtungen, das stark durch Leistungen und das Erfüllen von Aufgaben bestimmt ist, ist die Lebensphase des Alters durch eine grössere Freiheit von solchen Verpflichtungen gekennzeichnet. Und während das dritte Lebensalter der jungen Alten meist noch durch zahlreiche Aktivitäten und volle Terminkalender charakterisiert ist, haben wir im Blick auf das vierte Lebensalter der Hochaltrigkeit eine Akzentverlagerung vom Tun auf das Sein festgestellt. Diese Akzentverschiebung geschieht in der Regel nicht freiwillig, sondern als Folge zunehmender altersbedingter körperlicher Einschränkungen. Dennoch kann sie zu einer neuen, Sinn generierenden Wertschätzung für das elementare Phänomen des Lebendigseins und für die mehr passiven Aspekte des Lebens führen, also für das, was einem zufällt und widerfährt, ohne dass man etwas leistet.

Fulbert Steffensky schreibt: «Alte Menschen sind immer weniger zu etwas tauglich und verwendbar. […] Weniger und weniger können sie sich durch sich selbst rechtfertigen. […] Sie sind, weil sie sind. Sie sind nicht, weil sie etwas leisten.» Alte, chronisch kranke und behinderte Menschen «lehren uns, dass der Mensch nicht für Zwecke da ist. Wenn wir sie dulden und sichtbar sein lassen, lehren sie uns, was Gnade ist – dass der Mensch ungerechtfertigt da sein darf; nicht gerechtfertigt

---

16 Tornstam, Gerotranscendence.

durch die Grösse seiner Taten, seiner Stärken; nicht ausgewiesen durch seine Verwendbarkeit. Es ist etwas wundervoll Widerborstiges und Anarchistisches in einer Gesellschaft, die Alte, Kranke, Behinderte sichtbar sein lässt. Eine solche Gemeinschaft weiss, dass das Ziel des Menschen nicht seine Verwendbarkeit ist. Dies aber ist ein Grundwissen der Humanität, dass kein Mensch eines Zweckes wegen da ist.»[17]

In einer ganz auf Leistung und ökonomische Funktionalität ausgerichteten Zeit wie der unseren hat eine solche Erinnerung an die Selbstzwecklichkeit des Lebens etwas Heilsames. Sie kann dafür sensibilisieren, dass Leben ein unverdientes Geschenk ist und dass es in ganz elementaren, selbstverständlichen Vollzügen des Daseins ein kostbares Potenzial an Sinnhaftigkeit und Lebenserfüllung enthält, das auch noch im hohen Alter Lebenshunger zu stillen und Lebenssättigung zu bewirken vermag.

Wo könnte das eine Gesellschaft besser lernen als im Umgang mit hochaltrigen Menschen in ihrer Mitte! Solches Lernen wird umso leichter möglich, je bewusster alte Menschen diese Akzentverschiebung vom Tun zum «Sein ohne Warum», von der Leistung zur Wertschätzung puren Lebendigseins, vom ge-

17 Steffensky, Schwarzbrot-Spiritualität, 218f. Isabelle Noth hält die Frage nach dem gesellschaftlichen Nutzen Hochaltriger für inhuman, für eine ‹Unfrage›, auf die sich Seelsorge mit alten Menschen grundsätzlich nicht einlassen sollte (Seelsorge, 47). Das Anliegen hinter dieser Meinung ist nachvollziehbar. Dennoch plädiere ich dafür, diese Frage im seelsorglichen Gespräch mit Hochbetagten ebenso wie im gesellschaftlichen Diskurs generell anzusprechen, weil sie sich alten Menschen nun einmal stellt und zu einem Problem werden kann. Was ernst zu nehmende Fragen sind, bestimmt ohnehin nicht die Seelsorgerin oder der Seelsorger, sondern ihr hochaltriges Gegenüber. Fragen, die sich ihr oder ihm stellen, verdienen es, ernst genommen zu werden, und sei es, um in kritischer Auseinandersetzung mit ihnen der Einsicht Raum zu schaffen, dass gewisse Fragen Ausdruck eines gesellschaftlichen Vorurteils sind und aus der Perspektive eines anderen, humaneren Menschenbildes, das zum Beispiel um die keiner Rechtfertigung bedürfenden Selbstzwecklichkeit menschlichen Lebens weiss, überwunden werden können.

hetzten Aktivismus zum Zeit-Haben für die Gegenwart auch wirklich vollziehen.

10.3 Erinnerung an die Polarität von Zunahme und Abnahme, von Stärken und Schwächen

Eine Gesellschaft mit einem bedeutenden Anteil hochaltriger Menschen wird unweigerlich mit der Tatsache konfrontiert, dass zum Leben nicht nur das Wachsen, sondern auch das Abnehmen gehört, dass Menschsein insgesamt ein «Werden im Vergehen» ist.[18] Diese Einsicht ist an und für sich lapidar, aber zugleich fundamental – und steht in Spannung zur dominanten gesellschaftlichen Grundausrichtung an einem grenzenlosen Wachstum.

Dasselbe gilt im Blick auf die Polarität von Stärke und Schwäche. Beide sind Teil menschlicher Existenz, bestehen nebeneinander oder lösen sich gegenseitig ab; wobei das hohe Alter unbestreitbar eine Lebensphase ist, in der die Konfrontation mit eigenem Schwächerwerden eine besondere Herausforderung darstellt. Gelingendes Leben – auch gelingendes Altern – zeigt sich in einer lebensdienlichen Zuordnung beider Pole. Stärke besteht darin, auch seine Schwächen nicht verdrängen zu müssen, sondern sie wahrzunehmen, anzunehmen und in den eigenen Lebensentwurf so integrieren zu können, dass sie konstitutiv zur Sinngenerierung gehören.[19] Dass das Bemühen, eine solche «Sinngebung der Schwäche» zu finden und dem Leben im hohen Alter einen Sinn abzutrotzen, alles andere als

---

18 Rentsch, Alt werden, alt sein, 183. Dem stimmt auch Peter Gross zu: «Im Altwerden gewinnt das Leben erst seine Abrundung und Vollendung. Zum Werden gehört das Vergehen» (Wir werden älter, 13).

19 Peter Gross unterstreicht: «Ein starkes, selbstgewisses und volles Leben führen heisst, Schwächen zulassen und mit ihnen umgehen können» (a. a. O., 149).

einfach ist, das gesteht Peter Gross unumwunden ein.[20] Reife besteht aber gerade darin, die Entwicklung des eigenen Lebens in ihren zunehmenden wie in ihren abnehmenden Aspekten zuzulassen als normale Gestaltwerdung menschlichen Lebens im Verlauf einer Biografie.

In einer Gesellschaft, die vor allem auf Stärke setzt und in der Schwäche rasch einmal als entwürdigend empfunden wird, kann sich eine ernsthafte Auseinandersetzung mit dem Nachlassen und Schwächerwerden im fortgeschrittenen Alter als heilsames «Korrektiv eines expansionistischen Denkens, als Damm gegen die Flut von Vorwärts-Marsch-Befehlen» erweisen.[21] Insofern kann Hochaltrigkeit zu einer Aufforderung an die Gesellschaft werden, «ein Umfeld [zu] schaffen, in dem Verletzlichkeit nicht als Bürde, sondern als Asset betrachtet wird».[22] Eine Gesellschaft, die wieder entdeckt, «dass das Humane auf dieser Welt nicht ab-, sondern zunimmt, wenn das Brüchige unserer Existenz als zum Leben zugehörig erfasst wird.» Denn «Menschwerdung geschieht gerade auch in der Brüchigkeit, der eigenen und derjenigen von anderen, die wir solidarisch mittragen.»[23] Daraus ergibt sich die sozialethische Pflicht der Gesellschaft, Rahmenbedingungen zu schaffen und eine Kultur zu entwickeln, die Menschen ermutigen, zu ihren Schwächen zu stehen, und ihnen die Hilfe zukommen lassen, die sie brauchen, um möglichst gut mit ihren Schwächen leben zu können. Das gilt nicht nur für Menschen im hohen Alter. Aber eine auf die Erfahrungen und Bedürfnisse hochaltriger Menschen Rücksicht nehmende Gesellschaft ist eine, in der es auch Menschen in anderen Lebenssituationen besser geht.

---

20 A. a. O., 10.

21 A. a. O., 150.

22 So die Aufforderung von Tom de Swaan, dem 68-jährigen Ökonomen und Verwaltungsratspräsidenten der Zurich Insurance Group (NZZ am Sonntag vom 26.10.14).

23 Sonego Mettner, Ganz brüchig, 4.

10.4 Angewiesenheit als Grundsignatur des Menschseins

Hochaltrigkeit, so haben wir wiederholt gesehen, ist eine Lebensphase, in der Menschen auf verstärkte Weise mit ihrer Verletzlichkeit, mit Erfahrungen der Minderung und Bedürftigkeit konfrontiert werden. Damit geht eine erhöhte Angewiesenheit auf die Unterstützung und Solidarität anderer einher. Dieses Abhängigwerden von der Hilfe anderer fällt Menschen, die ganz von der westlichen Kultur der Postmoderne geprägt sind, in der Regel ausgesprochen schwer. Der amerikanische Medizinethiker Daniel CALLAHAN hat einmal formuliert: «Das Ziel, stets unabhängig zu sein, kann nur für begrenzte Zeit erreicht werden. Früher oder später, für längere oder kürzere Zeit, werden wir von anderen abhängig sein. Zumindest begleitet uns dieses Risiko immer, ist ein unentrinnbarer Teil unseres Lebens. [...] Es ist ein ganz schwerwiegender Irrtum zu glauben, dass unser Wert als Person sinkt, weil Abhängigkeit unser Teil sein wird. [...] Ein Selbst lebt in der ständigen Spannung zwischen Abhängigkeit und Unabhängigkeit. Beide sind ein Teil von uns. Die Unabhängigkeit mag uns ein besseres Gefühl geben [...]. Trotzdem bleibt sie nur die halbe Wahrheit unseres Lebens.»[24] Die Erfahrungen des höheren Alters fordern dazu heraus, der ‹ganzen› Wahrheit unseres Lebens ins Auge zu sehen: dass Unabhängigkeit *und* Abhängigkeit, Geben *und* Empfangen, Aktivität *und* Passivität zu vollem Menschsein gehören, wobei der jeweils zweite Aspekt dieser Polaritäten in der Phase der Hochaltrigkeit verstärkt in den Vordergrund tritt.

Die Auseinandersetzung mit der Realität der Hochaltigkeit könnte also auch dafür sensibilisieren, dass Angewiesenheit so etwas wie eine Grundsignatur allen Menschseins darstellt, ohne die erfülltes, humanes Leben gar nicht denkbar ist. Sie könnte

24 CALLAHAN, Nachdenken über den Tod, 174.176.

die Einsicht vertiefen, dass es genuin menschlich ist, auf die Hilfe anderer angewiesen zu sein,[25] und dass man sich nicht zu schämen braucht, wenn man entsprechende Unterstützung in Anspruch nimmt.

Der Gedanke der grundsätzlichen Angewiesenheit von Menschen auf Mitmenschen hat eine tendenziell gegenseitige Struktur, die einseitige Abhängigkeitsverhältnisse in hierarchischen Strukturen hinterfragt und das Zugleich von Hilfe- und Helfensbedürftigkeit von Menschen in den Fokus rückt.[26] Daraus ergibt sich der Impuls, gesellschaftliche Strukturen und Mentalitäten so zu gestalten, dass zivilgesellschaftlich getragene *caring communities* entstehen können, in denen das Einstehen füreinander und das Gestalten von Leben miteinander in gegenseitiger Angewiesenheit wieder vermehrt zur Normalität menschlichen Miteinanders wird.[27]

10.5 Auseinandersetzung mit Grenzen und Endlichkeit

Als Radikalisierung der menschlichen Grundsituation erweist sich das hohe Alter insbesondere im Blick auf die Herausforderung, sich mit Grenzen auseinanderzusetzen: Grenzen der Gesundheit, Grenzen der Leistungsfähigkeit, Grenzen der Mobilität, Grenzen im Wahrnehmen sozialer Beziehungen. Die radikalste Erfahrung von Begrenzung liegt aber im Zugehen auf den Tod als Ende des irdischen Lebens schlechthin.

Die Erfahrung von Grenzen und des unabwendbar bevorstehenden Endens des Lebens lässt die in jüngeren Jahren im Fluss des Alltags oft als selbstverständlich angenommene Sinnhaftigkeit des Lebens fraglich werden. So wird es für den alten Menschen zu einer individuellen Herausforderung, Grenzer-

---

25 Zur Wichtigkeit, Angewiesenheitsverhältnisse anzuerkennen, vgl. Rieger, Altern anerkennen und gestalten, 115f.

26 Dörner, Helfensbedürftig; Rüegger/Sigrist, Diakonie, 220–225.

27 Klie, Wen kümmern die Alten?; Dörner, Solidarische Gemeinde.

fahrungen als konstitutiv zum Leben gehörend zu akzeptieren und sich konstruktiv damit auseinanderzusetzen. Konstruktiv muss nicht heissen, alles in stoischer Gelassenheit hinzunehmen und zu akzeptieren. Es kann durchaus auch bedeuten, sich kämpferisch mit Widerfahrnissen auseinanderzusetzen[28] und Grenzen wieder zu überwinden.[29] Eine konstruktive Auseinandersetzung bemisst sich daran, ob die Art des Umgangs mit Grenzen – natürlich immer im Rahmen des in einer bestimmten Situation Möglichen – zur Lebensqualität oder Sinnhaftigkeit des Lebens beiträgt. Der vierte deutsche Altersbericht weist darauf hin, dass eine wichtige Funktion alter Menschen in der Gesellschaft gerade darin bestehen könnte, anderen, jüngeren Generationen aufzuzeigen, wie man trotz Erfahrungen von Belastungen, Einschränkungen und Verlusten das Leben so führen kann, dass es lebenswert und sinnvoll erscheint.[30] Die bei zahlreichen empirischen Untersuchungen immer wieder festgestellten hohen Zufriedenheitswerte alter Menschen im Blick auf die Qualität ihres Lebens deuten darauf hin, dass alte Menschen in der Tat im konstruktiven, sinnorientierten Umgang mit Widrigkeiten des Lebens Fähigkeiten entwickeln, die beeindruckend und analogen Fähigkeiten jüngerer Altersgruppen überlegen sind.[31] Während westliche Leistungs- und Wohlstandsgesellschaften dahin tendieren, die Einsicht in die wesentliche Fragilität und Verletzlichkeit menschlichen Lebens – nicht nur im hohen Alter! – zu verdrängen und ganz auf

---

28 Zu denken ist hierbei etwa an die Tradition der Klagepsalmen im Alten Testament!

29 Dabei gehört zur Reifung des Menschen, dass er unterscheiden lernt, wann Annahme und wann Widerstand sinnvoll ist. Klassisch kommt das im sogenannten Gelassenheitsgebet (*Serenity Prayer*) von Reinhold NIEBUHR zum Ausdruck: «Gott, gib uns die Gnade, mit Gelassenheit Dinge hinzunehmen, die sich nicht ändern lassen, den Mut, Dinge zu ändern, die geändert werden sollten, und die Weisheit, das eine vom anderen zu unterscheiden» (zit. in: STRÄSSLE, Gelassenheit, 54).

30 BFSFJ, Vierter Bericht zur Lage der älteren Generation, 349.

31 PERRIG-CHIELLO/HÖPFLINGER, Die Babyboomer, 133–137.

Fitness, Wellness und Durchsetzungsvermögen setzen, könnte ein Ernstnehmen der Erfahrungen des hohen Alters die Gesellschaft heilsam dafür sensibilisieren, dass gerade die Fragilität alle Menschen miteinander verbindet und es deshalb im Interesse aller ist, einen neuen, rücksichtsvolleren Umgang mit eigener und fremder Verletzlichkeit zu entwickeln.[32]

Dasselbe gilt grundsätzlich auch im Blick auf den Tod und das bewusste Zugehen auf das eigene Sterben. Wenn es alten Menschen gelingt, sich offen und gelassen mit dem Prozess des Endens im Sinne des ‹Abdankens› auseinanderzusetzen, können sie wesentlich dazu beitragen, dass auch jüngere Generationen und die Gesellschaft insgesamt einen lebensdienlichen Umgang mit Sterben und Tod entwickeln; einen Umgang, der das Altern, das Enden und die menschliche Endlichkeit nicht verdrängen muss, sondern als sinnfördernde Dimension menschlichen Lebens zulassen und zur Vertiefung einer Lebenskunst, einer *ars vivendi,* fruchtbar machen kann.[33] Eine solche Lebenskunst wäre ein nicht zu unterschätzender Beitrag zu einer humanen Gesellschaft, von dem alle Generationen profitieren könnten.

---

32 NOTH, Seelsorge, 45. Christoph MORGENTHALER weist darauf hin, dass sich Männer damit wahrscheinlich schwerer tun als Frauen, weil sie sich gemäss dem vorherrschenden Männlichkeitsideal «auch im hohen Alter in typischer, gelernter Weise mit Schwierigkeiten in ihrem Leben auseinandersetzen. Sie beissen auf die Zähne. Sie verleugnen den Schmerz. Sie versuchen, Schwieriges mit sich selbst auszumachen» (Seelsorge mit Männern, 104f.).

33 Hans-Martin RIEGER bezeichnet das Alter und den Prozess des Alterns als einen «Endlichkeitsindikator» menschlichen Lebens und ist der Auffassung, dass alte Menschen in der beispielhaften Auseinandersetzung mit Endlichkeit einen zeichenhaften und produktiven Sinn für die Gesellschaft überhaupt aufzeigen können (Altern anerkennen und gestalten, 58). Denn ihnen gelingt es wahrscheinlich besser als jüngeren Altersgruppen, Endlichkeit und Zerbrechlichkeit als «Lehrmeisterin […] zu einem tieferen, echteren, dichteren Leben» wahrzunehmen (MÜLLER, Damit wir ein weises Herz gewinnen, 120).

Literaturverzeichnis

Die *kursiven* Passagen stellen die Kurztitel dar, mit denen im Textkorpus auf die entsprechenden Publikationen verwiesen wird.

AGICH George J., *Dependence* and Autonomy in Old Age. An ethical framework for long-term care, Cambridge 2003

AHRENS Petra-Angela, *Alt ist man erst ab achtzig*. Erkenntnisse aus der Altern(n)sforschung, in: Alternde Gesellschaft. Soziale Herausforderungen des längeren Lebens (Jahrbuch Sozialer Protestantismus, Bd. 6), Gütersloh 2013, 13–40

ALRAM Margaretha, *Zehn Schritte* zur Unsterblichkeit. So verlängern Sie Ihr Leben, ohne zu altern, Bentwisch/Rostock 2001

ALTWEGG Leni, *Ich habe gelebt,* und es war gut, in: M. Stocker/K. Seifert (Hg.), Alles hat seine Zeit. Lesebuch zur Hochaltrigkeit, Zürich ²2015, 87–93

AMRHEIN Ludwig, *Die soziale Konstruktion* von «Hochaltrigkeit» in einer jungen Altersgesellschaft, Zeitschrift für Gerontologie und Geriatrie 46 (2013) 10–15

AUER Alfons, *Geglücktes Altern*. Eine theologisch-ethische Ermutigung, Freiburg 1995

AUHAGEN Ann Elisabeth, *On the psychology of meaning of life,* Swiss Journal of Psychology 59 (2000) 34–48

BAARS Jan, *Aging* and the Art of Living, Baltimore 2012

BACKES Gertrud M., *Potenziale des Alter(n)s* – Perspektiven des homo vitae longae? In: A. Ammann/F. Kolland (Hg.), Das erzwungene Paradies des Alters? Fragen an eine Kritische Gerontologie, Wiesbaden 2008, 63–100

BÄR Marion, *Sinn erleben* im Angesicht der Alzheimerdemenz. Ein anthropologischer Bezugsrahmen, Marburg 2010

BÄR Marion, *Sinn im Angesicht der Alzheimerdemenz* – Ein phänomenologisch-existenzieller Zugang zum Verständnis demenzieller Erkrankung, in: A. Kruse (Hg.), Lebensqualität bei Demenz? Zum gesellschaftlichen und individuellen Umgang mit einer Grenzsituation im Alter, Heidelberg 2010, 249–259

BÄR Martina, *Irdisches Glück* mit Gott und heutiger Sinn im Glauben, in: Dies./M. Paulin (Hg.), Macht Glück Sinn? Theologische und philosophische Erkundungen. Ostfildern 2014, 8–17

Baumann-Hölzle Ruth, *Autonomie als Verantwortung*, in: M. Mettner/R. Schmitt-Mannhart (Hg.), Wie ich sterben will. Autonomie, Abhängigkeit und Selbstverantwortung am Lebensende, Zürich 2003

Bäurle Peter, *Einleitung*: Was bleibt mir denn noch? In: Ders. et al. (Hg.), Spiritualität und Kreativität in der Psychotherapie mit älteren Menschen, Bern 2005, 11–15

Baltes Paul B., *Über die Zukunft des Alterns*: Hoffnung mit Trauerflor, in: M. Baltes/L. Montada (Hg.), Produktives Leben im Alter, Frankfurt a. M. 1996, 29–68

Baltes Paul B., *Das hohe Alter* – mehr Bürde als Würde? In: MaxPlanck-Forschung 2/2003, 14–19

Baltes Paul B., *Hoffnung mit Trauerflor*. Lebenslänge contra Lebensqualität – von der Menschenwürde im hohen Alter, Neue Zürcher Zeitung vom 04.11.06

Begemann Verena/Berthold Daniel/Hillmann Manfred, *Sterben und Gelassenheit*. Von der Kunst, den Tod ins Leben zu lassen, Göttingen 2013

BFSFJ, *Vierter Bericht zur Lage der älteren Generation* in der Bundesrepublik Deutschland: Risiken, Lebensqualität und Versorgung Hochaltriger – unter besonderer Berücksichtigung demenzieller Erkrankungen, Berlin 2002

BFSFJ, *Sechster Bericht zur Lage der älteren Generation* in der Bundesrepublik Deutschland: Altersbilder in der Gesellschaft, Berlin 2010

Blasberg-Kuhnke Martina, *Gerontologie und Praktische Theologie*. Studien zu einer Neuorientierung der Altenpastoral, Düsseldorf 1985

Bolz Norbert, *Das Wissen der Religion*. Betrachtungen eines religiös Unmusikalischen, München 2008

Bonhoeffer Dietrich, *Ethik* (Dietrich Bonhoeffer Werke, Bd. 6), Gütersloh 1992

Bonhoeffer Dietrich, *Widerstand und Ergebung* (Dietrich Bonhoeffer Werke, Bd. 8), Gütersloh 1998

Borasio Gian Domenico, *Selbst bestimmt sterben*. Was es bedeutet. Was uns daran hindert. Wie wir es erreichen können, München 2014

Bosshard Georg et al., *Medical End-of-Life Practices* in Switzerland: A Comparison of 2001 and 2013, JAMA Internal Medicine 2016, April 1; 176 (4), 555f.

Bozzaro Claudia, *Das Leiden an der verrinnenden Zeit*. Eine ethisch-philosophische Untersuchung zum Zusammenspiel von Alter, Leid und Zeit am Beispiel der Anti-Aging-Medizin (Medizin und Philosophie, Bd. 12), Stuttgart-Bad Cannstatt 2014

Brantschen Niklaus/Gyger Pia, *Es geht um die Liebe.* Aus dem Leben eines zölibatären Paares, München 2013

Bromkamp Peter, *«Wenn Pastoral Alter lernt»* – Pastoralgeragogische Überlegungen zum Vierten Alter (Studien zur Theologie und Praxis der Seelsorge, Bd. 96), Würzburg 2015

Buber Martin, *Ich und Du,* Heidelberg 81974

Büchi Stefan/Baumann-Hölzle Ruth, *Den Sinn des Leidens ergründen.* Fragen zum Gesundheitsverständnis und zu den Zielen der modernen Medizin, Neue Zürcher Zeitung vom 19./20.11.05

Callahan Daniel, *Nachdenken über den Tod.* Die moderne Medizin und unser Wunsch, friedlich zu sterben, München 1998

Charbonnier Lars, *Religion als Ressource* im Alter, in: M. Kumlehn/Th. Klie (Hg.), Aging – Anti-Aging – Pro Aging. Altersdiskurse in theologischer Deutung, Stuttgart 2009, 33–55

Chardin P. Teilhard de, *Der göttliche Bereich.* Ein Entwurf des inneren Lebens, Olten 1962

Coors Michael, *Gutes Leben im Alter?* Zur Ethik des Alter(n)s in Medizinethik und Theologie, Verkündigung und Forschung 59 (2014) 28–38

Coors Michael, *Zeit und Endlichkeit* des alternden Menschen, in: J. S. de Murillo/R. Haas/Ch. Rinser (Hg.), Alt sein – jung werden (Aufgang: Jahrbuch für Denken, Dichten, Musik, Bd. 11), Stuttgart 2014, 254–268

Derra Julia Maria, *Das Streben nach Jugendlichkeit* in einer alternden Gesellschaft. Eine Analyse altersbedingter Körperveränderungen in Medien und Gesellschaft, Baden-Baden 2012

Dierken Jörg, *Gelingendes Leben* – gelingendes Altern, in: M. Kumlehn/A. Kubik (Hg.), Konstrukte gelingenden Alterns, Stuttgart 2012, 35–51

Dittmann-Kohli Freya, *Sinngebung im Alter,* in: Ph. Mayring/W. Saup (Hg.), Entwicklungsprozesse im Alter, Stuttgart 1990, 145–166

Dörner Klaus, *Helfensbedürftig.* Heimfrei ins Dienstleistungsjahrhundert, Neumünster 22012

Dörner Klaus, *Solidarische Gemeinde* im Nahraum – eine Chance zur Re-Sozialisierung, in: Alternde Gemeinschaft. Soziale Herausforderungen des längeren Lebens (Jahrbuch Sozialer Protestantismus, Bd. 6), Gütersloh 2013, 297–301

Edzard Dietz Otto, *Geschichte Mesopotamiens.* Von den Sumerern bis zu Alexander dem Grossen, München 2004

Eglin Anemone, *Ich schenke dir einen Sonnenuntergang.* Spirituelle Begleitung von Menschen mit Demenz, in: R. Famos/A.-M. Müller

(Hg.), Wie wird es sein? Was Seelsorge mit hochbetagten Menschen vermag, Zürich 2015, 57–69

ERIKSON Erik H., *Identität und Lebenszyklus*. Drei Aufsätze (Suhrkamp-Taschenbuch Wissenschaft, Bd. 16), Frankfurt a. M. [26]2013

ERNST Stephanie, *Segen* – Aufgabe – Einsicht. Aspekte und Bilder des Alterns in den Texten des Alten Israel (Arbeiten zu Text und Sprache im Alten Testament, Bd. 93), St. Ottilien 2011

FEESER-LICHTERFELD Ulrich, *Lebenszyklus und Lebensverlängerung*. Das sich wandelnde Altern und die Herausforderung der Theologie, in: K. Gabriel/W. Jäger/G. M. Hoff (Hg.), Alter und Altern als Herausforderung (Grenzfragen, Bd. 35), Freiburg 265–289

FEGG Martin, *Unterstützung* bei der Sinnfindung, in: M. Wasner/S. Pankofer (Hg.), Soziale Arbeit in Palliative Care. Ein Handbuch für Studium und Praxis (Münchner Reihe Palliative Care, Bd. 11), Stuttgart 2014, 140–144

FRANKL Viktor E., *Grundriss* der Existenzanalyse und Logotherapie, in: Ders., Logotherapie und Existenzanalyse. Texte aus sechs Jahrzehnten, Berlin 1994 (neue, erweiterte Ausgabe), 57–184

FRANKL Viktor E., *Der Mensch auf der Suche* nach einem letzten Sinn, in: Ders., Logotherapie und Existenzanalyse. Texte aus sechs Jahrzehnten, Berlin 1994 (neue, erweiterte Ausgabe), 265–284

FRANKL Viktor E., … trotzdem *Ja zum Leben sagen*. Ein Psychologe erlebt das Konzentrationslager, München 1977

FRICK Karin/FROBÖSE Frerk/GÜRTLER Detlef, *Die Gesellschaft des langen Lebens*. Zur Zukunft von Altern, Wohnen, Pflegen, Bern/Rüschlikon 2013

FRISCH Max, *Die Tagebücher* 1946–1949.1966–1971, Frankfurt a. M. 1983

FÜRSTENBERG Friedrich, *Hochaltrigkeit als Akzeptanzproblem*. Ein Thesenpapier, Zeitschrift für Gerontologie und Geriatrie 46 (2013) 16–20

GADAMER Hans-Georg, Über die *Verborgenheit* der Gesundheit: Aufsätze und Vorträge (Suhrkamp Taschenbuch 4163; MedizinHuman, Bd. 10), Berlin 2010

GÄBLER-KAINDL Christa, *Vom Sinn des Alters*. Theologische Überlegungen und seelsorgliche Praxis, Zeitschrift für Gerontologie und Ethik, 4/2012, 9–20

GIOVANNELLI-BLOCHER Judith, *Geht es noch?* In: M. Stocker/K. Seifert (Hg.), Alles hat seine Zeit. Ein Lesebuch zur Hochaltrigkeit, Zürich [2]2015, 11–14

GOLLWITZER Helmut, *Krummes Holz* – aufrechter Gang. Zur Frage nach dem Sinn des Lebens, München [2]1971

GORDON Harris J, *Biblical Perspectives* on Aging. God and the Elderly, New York [2]2008

Gräb Wilhelm, *Lebensgeschichten* – Lebensentwürfe – Sinndeutungen. Eine praktische Theologie gelebter Religion, Gütersloh 1998

Graefe Stefanie/van Dyk Silke/Lessenich Stephan, *Altsein ist später*. Alter(n)snormen und Selbstkonzepte in der zweiten Lebenshälfte, Zeitschrift für Gerontologie und Geriatrie 44 (2011) 299–305

Graf Friedrich Wilhelm, *Einleitung*: Vom eigenen Glück des Alters, in: Ders. (Hg.), Vom Glück und Unglück des Alters, München 2010, 7–17

Greisch Jean, *Art. «Sinn*: I. Philosophisch», in: Lexikon für Theologie und Kirche, Bd. 9, Freiburg 2000, 619–621

Grey Aubrey de/Rae Michael, *Niemals alt!* So lässt sich das Altern umkehren. Fortschritte der Verjüngungsforschung, Bielefeld 2010

Gross Peter, *Altersakzeptanz versus Jugendwahn*. Dimensionen der Selbstoptimierung, in: G. Maio (Hg.), Altwerden ohne alt zu sein? Ethische Grenzen der Anti-Aging-Medizin, Freiburg 2011, 21–33

Gross Peter, *Wir werden älter*. Vielen Dank. Aber wozu? Vier Annäherungen, Freiburg 2013

Guardini Romano, *Die Lebensalter*. Ihre ethische und pädagogische Bedeutung (Topos Taschenbücher, Bd. 400), Kevelaer [13]2008

Härle Wilfried, *Dogmatik* (de Gruyter Lehrbuch), Berlin 1995

Härle Wilfried, *Würde*: Gross vom Menschen denken, München 2010

Härle Wilfried, *Menschenbild und Menschenwürde* am Ende des Lebens. Eine Einführung, in: Th. Fuchs/A. Kruse/G. Schwarzkopf (Hg.), Menschenbild und Menschenwürde am Ende des Lebens, Heidelberg 2010, 11–26

Härle Wilfried, *Lebensqualität* demenzkranker Menschen aus der Sicht christlicher Ethik, in: A. Kruse (Hg.), Lebensqualität bei Demenz? Zum gesellschaftlichen und individuellen Umgang mit einer Grenzsituation im Alter, Heidelberg 2010, 43–50

Heidegger Martin, *Sein und Zeit*, Tübingen [18]2001

Heine Susanne, *Koordinaten des Daseins* – Die christliche Matrix, in: F. Worbs (Hg.), «Ganz Mensch bis zum Tod». Beiträge zum Umgang mit Sterben und Tod in der modernen Gesellschaft (Theologisch-ekklesiologische Beiträge Aargau/Schriften der Reformierten Landeskirche Aargau, Bd. 5), Zürich 2009, 11–27

Heitger Brigitte, Der *Lebenssinn als Suizidprophylaxe?* In: P. Mösli/H.-B. Peter/J. Rutgers-Cardis (Hg.), Suizid …? Beziehungen und die Suche nach Sinn, Zürich 2005, 91–98

Heller Andreas, *In Ruhe sterben?* Sterben und Tod im Wandel, in: Ders. (Hg.), vorsorgen – verfügen – bevollmächtigen (Praxis Palliative Care/demenz/Praxis Pflegen: Jahresheft Nr. 6), Hannover 2014, 6–9

HELLER Birgit/HELLER Andreas, *Spiritualität und Spiritual Care*. Orientierungen und Impulse, Bern 2014

HENRY Julie/CARVALLO Sarah, *From the principle of autonomy* to the desire to grow old. Standards and values for old age, in: M.-J. Thiel (Hg.), Ethical Challenges of Ageing, London 2012, 243–255

HESSE Hermann, *Eigensinn*. Autobiographische Schriften (Bibliothek Suhrkamp, Bd. 353), Frankfurt a. M. 1972

HILLMAN James, *Vom Sinn des langen Lebens*. Wir werden, was wir sind, München ^{2}2001

HOCK Klaus, *Grenzenlos altern?* Transkulturelle Altersbilder zwischen religiöser Rückbindung und säkularem Imperativ, in: M. Coors/M. Kumlehn (Hg.), Lebensqualität im Alter. Gerontologische und ethische Perspektiven auf Alter und Demenz, Stuttgart 2014, 37–56

HÖHN Hans-Joachim (2004), *Thanatodizee?* Über ein philosophisches Verhältnis zum Verhältnis von Leben und Tod, in: Ders. (Hg.), Welt ohne Tod? – Hoffnung oder Schreckensvision? (Preisschriften des Forschungsinstituts für Philosophie Hannover, Bd. 2), Göttingen 2004, 9–18

HÖPFLINGER François, *Zum Generationenwandel* der zweiten Lebenshälfte – neues Altern in einer dynamischen Gesellschaft, in: W. Clemens/F. Höpflinger/R. Winkler (Hg.), Arbeit in späteren Lebensphasen. Sackgassen, Perspektiven, Visionen, Bern 2005, 97–125

HÖPFLINGER François, *Das vierte Lebensalter* – gesellschaftliche und individuelle Dimensionen, in: T. Meireis (Hg.), Alter in Würde. Das Konzept der Würde im vierten Lebensalter, Zürich 2013, 39–55

HÖPFLINGER François, *Wohnformen* im dritten und vierten Lebensalter – heute und morgen. ETH Forum Wohnungsbau 2014 (http://www. wohnforum.arch.ethz.ch/forum/forum_intro.html)

HÖPFLINGER François, *Demografisch-gesellschaftliche Wandlungen* und soziale Fragen, in: St. Becker/H. Brandenburg (Hg.), Lehrbuch Gerontologie. Gerontologisches Fachwissen für Pflege- und Sozialberufe. Eine interdisziplinäre Aufgabe, Bern 2014, 161–184

HORATIUS FLACIUS Quintus, *Oden und Epoden*, hg. von G. Fink, Düsseldorf 2002

HORN Erika, *Lebenskunst* im endgültigen Abschiednehmen, in: H. G. Petzold/E. Horn/L. Müller (Hg.), Hochaltrigkeit. Herausforderung für persönliche Lebensführung und biopsychosoziale Arbeit (Integrative Modelle in Psychotherapie, Supervision und Beratung), Wiesbaden 2011, 325–330

HORX Matthias, *Das Megatrend-Prinzip*: Wie die Welt von morgen entsteht, München 2011

HUBER Wolfgang, *Ethik*. Die Grundfragen unseres Lebens von der Geburt bis zum Tod, München 2013

HUBER Wolfgang, *Was macht eine theologische Ethik theologisch?* In: R. Amesbury/Ch. Ammann (Hg.), Was ist theologische Ethik? Beiträge zu ihrem Selbstverständnis und Profil, Zürich 2015, 13–28

IMHOF Arthur E., *Die Lebenszeit*. Vom aufgeschobenen Tod und von der Kunst des Lebens, München 1988

JACOBI Günther et al. (Hg.), *Kursbuch Anti-Aging*, Stuttgart 2005

JENS Walter/KÜNG Hans, *Menschenwürdig sterben*. Ein Plädoyer für Selbstverantwortung, München ²1995

JÖRNS Klaus-Peter, *Notwendige Abschiede*. Auf dem Weg zu einem glaubwürdigen Christentum, Gütersloh ³2006

JÜNGEL Eberhard, *Der alte Mensch* – als Kriterium der Lebensqualität. Bemerkungen zur Menschenwürde der leistungsunfähigen Person, in: Ders., Entsprechungen: Gott – Wahrheit – Mensch (Theologische Erörterungen, Bd. 2), Tübingen ³2002, 318–321

JÜNGEL Eberhard, *Hoffnung für das Alter*, in: F. W. Graf (Hg.), Vom Glück und Unglück des Alters, München 2010, 111–129

KAISER Otto, *Anweisungen* zum gelingenden, gesegneten und ewigen Leben. Eine Einführung in die spätbiblischen Weisheitsbücher (Forum Theologische Literaturzeitung, Bd. 9), Leipzig 2003

Kirchenamt der EKD, *Im Alter neu werden können*. Evangelische Perspektiven für Individuum, Gesellschaft und Kirche. Eine Orientierungshilfe des Rates der Evangelischen Kirche in Deutschland (EKD), Gütersloh 2009

KLENTZE Michael, *Für immer jung* durch Anti-Aging, Köln ⁴2002

KLIE Thomas, *Wen kümmern die Alten?* Auf dem Weg in eine sorgende Gesellschaft, München 2014

KLIE Thomas/KUMLEHN Martina/KUNZ Ralph (Hg.), *Praktische Theologie des Alterns* (Praktische Theologie im Wissenschaftsdiskurs, Bd. 4), Berlin 2009

KLOPFENSTEIN Martin A., *Die Stellung des alten Menschen* in der Sicht des Alten Testaments, in: Ders., Leben aus dem Wort. Beiträge zum Alten Testament, Bern 1996, 261–273

KÖRTNER Ulrich H. J., *Frailty*. Medizinethische Überlegungen zur Gebrechlichkeit des alten Menschen, Ethik in der Medizin 18 (2006) 108–119

KÖRTNER Ulrich H. J., *Leib und Leben*. Bioethische Erkundungen zur Leiblichkeit des Menschen (Arbeiten zur Pastoraltheologie, Liturgik und Hymnologie, Bd. 61), Göttingen 2010

KÖRTNER Ulrich H. J., *Ethik* in Altenhilfe und Pflege. Grundfragen und Perspektiven, in: W. Engemann (Hg.), Glaubenskultur und Lebenskunst. Interdisziplinäre Herausforderungen zeitgenössischer Theologie (Wiener Jahrbuch für Theologie, Bd. 10), Göttingen 2014, 51–69

KRAMER Werner, Was sind *die spirituellen Ziele im Alter* aus Sicht des Christentums, und wie können sie erreicht werden? In: P. Bäurle et al. (Hg.), Spiritualität und Kreativität in der Psychotherapie mit älteren Menschen, Bern 2005, 126–135

KRUSE Andreas, *Das letzte Lebensjahr.* Zur körperlichen, psychischen und sozialen Situation des alten Menschen am Ende seines Lebens (Grundriss Gerontologie, Bd. 21/Urban-Taschenbücher, Bd. 771), Stuttgart 2007

KRUSE Andreas, *Chancen und Grenzen* der Selbstverantwortung im Alter, Wege zum Menschen 59 (2007) 421–446

KRUSE Andreas, *Das Leben im Sterben gestalten.* Eine kulturell-anthropologische und empirische Analyse des persönlichen und fachlichen Umgangs mit Endlichkeit, in: A. Kruse/Th. Rentsch/H.-P. Zimmermann (Hg.), Gutes Leben im hohen Alter: Das Altern in seinen Entwicklungsmöglichkeiten und Entwicklungsgrenzen verstehen, Heidelberg 2012, 249–274

KRUSE Andreas, *Menschenbild und Menschenwürde* als grundlegende Kategorien der Lebensqualität demenzkranker Menschen, in: Th. Rentsch/M. Vollmann (Hg.), Gutes Leben im Alter. Die philosophischen Grundlagen (Reclam Taschenbuch Nr. 20253), Stuttgart 2012, 233–251

KRUSE Andreas, Der gesellschaftlich und individuell verantwortliche *Umgang mit Potentialen* und Verletzlichkeit im Alter – Wege zu einer Anthropologie des Alters, in: Th. Rentsch/H.-P. Zimmermann/A. Kruse (Hg.), Altern in unserer Zeit. Späte Lebensphasen zwischen Vitalität und Endlichkeit, Frankfurt 2013, 29–64

KRUSE Andreas, *Grenzgänge im Alter.* Die Gestaltung des Alters aus individueller, gesellschaftlicher und kultureller Sicht, in: A. Kruse/G. Maio/J. Althammer (Hg.), Humanität einer alternden Gesellschaft (Veröffentlichungen der Joseph-Höffner-Gesellschaft, Bd. 3), Paderborn 2014, 11–47

KRUSE Andreas/WAHL Hans-Werner, *Lebenslaufforschung* – ein altes und neues interdisziplinäres Forschungsthema, in: H.-W. Wahl/A. Kruse (Hg.), Lebensläufe im Wandel. Entwicklung über die Lebensspanne aus Sicht verschiedener Disziplinen, Stuttgart 2014, 16–38

KÜNG Hans, *Ewiges Leben?* München 1982

Kumlehn Martina/Klie Thomas (Hg.), *Aging* – Anti-Aging – Pro Aging. Altersdiskurse in theologischer Deutung, Stuttgart 2009

Kumlehn Martina/Kubik Andreas (Hg.), *Konstrukte gelingenden Alterns*, Stuttgart 2012

Kunz Ralph (Hg.), *Religiöse Begleitung* im Alter. Religion als Thema der Gerontologie, Zürich 2007

Lang Frieder R./Baltes Margret, *Brauchen alte Menschen junge Menschen?* Überlegungen zu den Entwicklungsaufgaben im hohen Lebensalter, in: L. Krappmann/A. Lepenies (Hg.), Alt und Jung. Spannung und Solidarität zwischen den Generationen, Frankfurt 1997, 161–184

Lange Frits de, *Loving Later Life*. An Ethics of Aging, Grand Rapids 2015

Laslett Peter, *Das dritte Alter:* historische Soziologie des Alterns, Weinheim 1995

Lehmann Karl/Raffelt Albert (Hg.), *Karl Rahner-Lesebuch*, Freiburg [2]2004

Lenz Siegfried, *Die Darstellung des Alters* in der Literatur, in: Ders., Gelegenheit zum Staunen. Ausgewählte Essays, Hamburg 2014, 389–403

Luther Henning, *Leben als Fragment*. Der Mythos von der Ganzheit, Wege zum Menschen 43 (1991) 262–273

Lutz Ralf, *Die Sinnfrage* als moralpsychologische Leitfrage philosophischer und theologischer Ethik, in: M. Bär/M. Paulin (Hg.), Macht Glück Sinn? Theologische und philosophische Erkundungen, Ostfildern 2014, 135–148

Mahs Claudia, *Glückliches Alter(n)* (Kulturwissenschaftliche Beiträge der Alanus Hochschule für Kunst und Gesellschaft, Bd. 4), Frankfurt a. M. 2009

Maio Giovanni, *Vom Sinn des Alters*. Reflexionen zum Alter jenseits des Fitnessimperativs, in: Ders. (Hg.), Altwerden ohne alt zu sein? Ethische Grenzen der Anti-Aging-Medizin, Freiburg 2011, 11–19

Maio Giovanni, *Wenn das Annehmen wichtiger wird* als das Machen. Für eine neue Kultur der Sorge am Ende des Lebens, in: A. Kruse/G. Maio/J. Althammer (Hg.), Humanität einer alternden Gesellschaft (Veröffentlichungen der Joseph-Höffner-Gesellschaft, Bd. 3), Paderborn 2014, 49–80

Maio Giovanni, *Medizin ohne Mass?* Vom Diktat des Machbaren zu einer Ethik der Besonnenheit, Stuttgart 2014

Maio Giovanni, *Den kranken Menschen verstehen*. Für eine Medizin der Zuwendung, Freiburg 2015

Marti Kurt, *Heilige Vergänglichkeit*. Spätsätze, Stuttgart [2]2011

MARTI Kurt, *«Gott ist nicht in den Starken mächtig»*. Kurt Marti im Gespräch mit Matthias Hui, in: M. Stocker/K. Seifert (Hg.), Alles hat seine Zeit. Ein Lesebuch zur Hochaltrigkeit, Zürich ²2015, 101–109

MARTI Peter, *Das Zusammenspiel von Wohlbefinden und Lebenssinn* in der Entwicklung zum Alter. Eine praktisch-theologische Studie (Wahrnehmende Theologie, Bd. 5), Münster 2014

MARTIN Mike, *Wir sollten früh lernen, Hilfe anzunehmen* (Interview von D. Battaglia mit M. Martin), in: Thema im Fokus, Nr. 118, 2014, 12–15

MARQUARD Odo, *Zur Diätetik der Sinnerwartung*. Philosophische Bemerkungen, in: Ders., Apologie des Zufälligen. Philosophische Studien (Universal-Bibliothek Nr. 8351), Stuttgart 1986, 33–53

MARQUARD Odo, *Am Ende, nicht am Ziel*. Mit dem Alter wächst die Lust zur Theorie, in: Th. Steinfeld (Hg.), «Einmal und nicht mehr». Schriftsteller über das Alter (dtv 13030), München 2002, 50–55

MARQUARD Odo, *Glück im Unglück. Philosophische Überlegungen*, München ³2008

MATHWIG Frank, *Worum sorgt sich Spiritual Care?* Bemerkungen und Anfragen aus theologisch-ethischer Sicht, in: I. Noth/C. Kohli Reichenbach (Hg.), Palliative und Spiritual Care. Aktuelle Perspektiven in Medizin und Theologie, Zürich 2014, 23–41

MERLE Kristin, *Alltagsrelevanz*. Zur Frage nach dem Sinn in der Seelsorge (Arbeiten zur Pastoraltheologie, Liturgik und Hymnologie, Bd. 65) Göttingen 2011

MERLE Kristin, *Sinnwelten* und soziale Kontexte moderner Subjekte, Wege zum Menschen 66 (2014) 452–463

METTNER Matthias, *Seminar 5*: «Wie gehe ich im Beruf mit dem täglichen Sterben um?» In: F. Worbs (Hg.), «Ganz Mensch bis zum Tod». Beiträge zum Umgang mit Sterben und Tod in der modernen Gesellschaft (Theologisch-ekklesiologische Beiträge Aargau/ Schriften der Reformierten Landeskirche Aargau, Bd. 5), Zürich 2009, 83–92

MONTADA Leo, Machen *Gebrechlichkeit* und chronische Krankheit produktives Altern unmöglich? In: M. Baltes/L. Montada (Hg.), Produktives Leben im Alter (ADIA-Schriftenreihe, Bd. 3), Frankfurt 1996, 382–392

MOTEL-KLINGEBIEL Andreas/ZIEGELMANN Jochen Philipp/WIEST Maja, *Hochaltrigkeit* in der Gesellschaft des langen Lebens. Theoretische Herausforderung, empirisches Problem und sozialpolitische Aufgabe, Zeitschrift für Gerontologie und Geriatrie 46 (2013) 5–9

MOODY Harry R., *Aging* – Concepts and Controversies, Thousand Oaks ⁵2006

Morgenthaler Christoph, *Seelsorge mit Männern* im vierten Lebensalter. Eindrücke, Beobachtungen und Vermutungen, in: R. Famos/A.-M. Müller (Hg.), Wie wird es sein? Was Seelsorge mit hochbetagten Menschen vermag, Zürich 2015, 97–109

Müller Anne-Marie, «*Damit wir ein weises Herz gewinnen*» (Psalm 90,12), in: R. Famos/A.-M. Müller (Hg.), Wie wird es sein? Was Seelsorge mit hochbetagten Menschen vermag, Zürich 2015, 117–120

Müller Anselm Winfried, *Lebensverlängerung* durch die Medizin? Ein Beitrag zur Ethik des Alters, in: E. Herrmann-Otto (Hg.), Die Kultur des Alterns von der Antike bis zur Gegenwart, St. Ingbert 2004, 161–180

Noth Isabelle, ‹*Seelsorge*› – vom Begriff zur Haltung, in: R. Famos/A.-M. Müller (Hg.), Wie wird es sein? Was Seelsorge mit hochbetagten Menschen vermag, Zürich 2015, 39–47

Oorschot Jürgen van, *Das Alter als Spiegel des Lebens* – Altern im Horizont der Bibel, in: M. Friedenthal-Haase et al. (Hg.), Alt werden – alt sein. Lebensperspektiven aus verschiedenen Wissenschaften (Studien zur Pädagogik, Andragogik und Gerontagogik, Bd. 50), Frankfurt a. M. 2001, 65–78

Perrig-Chiello Pasqualina/Höpflinger François, *Hochaltrigkeit*, Pflegebedürftigkeit und Generationenbeziehungen, in: Dies./Ch. Suter (Hg.), Generationen – Strukturen und Beziehungen. Generationenbericht Schweiz, Zürich 2008, 214–234

Perrig-Chiello Pasqualina/Höpflinger François, *Die Babyboomer*. Eine Generation revolutioniert das Alter, Zürich 2009

Pfleiderer Georg, *Leben nach dem Leben*? – oder: Was dürfen wir hoffen? Eine theologische Perspektive, in: A. Krebs/G. Pfleiderer/K. Seelmann (Hg.), Ethik des gelebten Lebens. Basler Beiträge zu einer Ethik der Lebensführung, Zürich 2011. 295–317

Projektgruppe «Altern quer gedacht», *Altern quergedacht*. Prophetinnen und Propheten heute, Wien 2012

Rahner Karl, *Vom Alter*, in: K. Lehmann/A. Raffelt (Hg.), Rechenschaft des Glaubens. Karl Rahner-Lesebuch, Zürich/Freiburg 1979, 72f.

Rahner Karl, Zum theologischen und anthropologischen *Grundverständnis des Alters*, in: Ders., Wissenschaft und christlicher Glaube (Schriften zur Theologie, Bd. XV), Zürich 1983, 315–325

Rehmann-Sutter Christoph, *Leben enden lassen*. Ethik von Entscheidungen über das Lebensende, in: A. Krebs/G. Pfleiderer/K. Seelmann (Hg.), Ethik des gelebten Lebens. Basler Beiträge zu einer Ethik der Lebensführung, Zürich 2011, 271–293

Reinhard Rebekka, *Die Sinn-Diät*. Warum wir schon alles haben, was wir brauchen. Philosophische Rezepte für ein erfülltes Leben, München ³2011

Reinmuth Eckart, *Die kulturelle Konstruktion des Alters*. Neutestamentliche Perspektiven, in: M. Kumlehn/Th. Klie (Hg.), Aging – Anti-Aging – Pro Aging. Altersdiskurse in theologischer Deutung, Stuttgart 2009, 144–156

Reker Gary T./Peacock Edward J./Wong Paul T. P., *Meaning and Purpose* in Life and Well-being: a Life-span Perspective, The Journal of Gerontology 42 (1987) 44–49

Rendtorff Trutz, *Ethik*. Grundelemente, Methodologie und Konkretionen einer ethischen Theologie, Bd. 2 (Theologische Wissenschaft, Bd. 13,2), Stuttgart ²1991

Rentsch Thomas, *Ethik des Alterns*: Perspektiven eines gelingenden Lebens, in: A. Kruse/Th. Rentsch/H.-P. Zimmermann (Hg.), Gutes Leben im hohen Alter: Das Altern in seinen Entwicklungsmöglichkeiten und Entwicklungsgrenzen verstehen, Heidelberg 2012, 63–72

Rentsch Thomas, *Altern als Werden zu sich selbst*. Philosophische Ethik der späten Lebenszeit, in: Ders./M. Vollmann (Hg.), Gutes Leben im Alter. Die philosophischen Grundlagen (Reclam Taschenbuch Nr. 20253), Stuttgart 2012, 189–206

Rentsch Thomas, *Alt werden, alt sein* – Philosophische Ethik der späten Lebenszeit, in: Ders./H.-P. Zimmermann/A. Kruse (Hg.), Altern in unserer Zeit. Späte Lebensphasen zwischen Vitalität und Endlichkeit, Frankfurt a. M. 2013, 163–187

Rentsch Thomas, Werden zu sich selbst: *Das Altern und die Zeitlichkeit* des guten Lebens, Zeitschrift für Praktische Philosophie 1 (2014) H. 1, 263–288

Rentsch Thomas, *Altern und Lebenssinn*, in: M. Coors/M. Kumlehn (Hg.), Lebensqualität im Alter. Gerontologische und ethische Perspektiven auf Alter und Demenz, Stuttgart 2014, 27–36

Rentsch Thomas/Vollmann Morris, *Der Sinn des Alterns* zwischen Glück und Leiden: Perspektiven der Philosophischen Anthropologie und Ethik, in: S. Schicktanz/M. Schweda (Hg.), Pro-Age oder Anti-Aging? Altern im Fokus der modernen Medizin (Kultur der Medizin: Geschichte – Theorie – Ethik, Bd. 35), Frankfurt 2012, 159–177

Riedel Ingrid, *Die innere Freiheit* des Alterns, Mannheim ²2010

Rieger Hans-Martin, *Altern anerkennen und gestalten*. Ein Beitrag zu einer gerontologischen Ethik (Forum Theologische Literaturzeitung, Bd. 22), Leipzig 2008

RIEGER Hans-Martin, *Zwischen Alterslob und Altersklage*. Typen christlicher Altersdiskurse in der Alterskultur der Gegenwart? In: K. Baier/F. Winter (Hg.), Altern in den Religionen (Schriftenreihe der Österreichischen Gesellschaft für Religionswissenschaft, Bd. 6), Wien 2013, 133–144

ROHR Richard, *Reifes Leben*. Eine spirituelle Reise, Freiburg [2]2013

ROSENMAYR Leopold, *Die späte Freiheit*: das Alter, ein Stück bewusst gelebten Lebens, Berlin 1983

ROSENMAYR Leopold, *Die Kräfte des Alters*, Wien 1990

ROSENMAYR Leopold, *Zur Philosophie des Alterns*, in: A. Kruse/M. Martin (Hg.), Enzyklopädie der Gerontologie, Bern 2004, 13–28

ROSENMAYR Leopold, *Schöpferisch Altern*. Eine Philosophie des Lebens, Wien [2]2007

ROSENMAYR Leopold, *Entwicklungen im späten Leben*: Realitäten und Pläne. Chancen im Beruf und in selbstgewähltem Handeln, in: Ders./F. Böhmer (Hg.), Hoffnung Alter. Forschung, Theorie, Praxis, Wien 2003, 314–330

RÜEGGER Heinz, *Das eigene Sterben*. Auf der Suche nach einer neuen Lebenskunst, Göttingen 2006

RÜEGGER Heinz, *Altern im Spannungsfeld* von «Anti-Aging» und «Successful Aging». Gerontologische Perspektiven einer seelsorglichen Begleitung älterer Menschen, in: R. Kunz (Hg.), Religiöse Begleitung im Alter. Religion als Thema der Gerontologie, Zürich 2007, 143–182

RÜEGGER Heinz, *Alter(n) als Herausforderung*. Gerontologisch-ethische Perspektiven, Zürich 2009

RÜEGGER Heinz, *Pro Aging* – Auf dem Weg zu einer Lebenskunst des Alter(n)s, Zeitschrift für Gerontologie und Ethik 1/2011, 62–76

RÜEGGER Heinz, Zur Bedeutung gesellschaftlicher Einstellungen zum Alter im Blick auf *Alterssuizide*. Gerontologisch-ethische Überlegungen, Zeitschrift für Gerontologie und Ethik 4/2013, 9–38

RÜEGGER Heinz/SIGRIST Christoph, *Diakonie* – eine Einführung. Zur theologischen Begründung helfenden Handelns, Zürich 2011

RUHLAND Renate, *Sinnsuche und Sinnfindung* im Alter als geragogische Herausforderung (Alternswissenschaft, Bd. 2), Münster 2006

SAUTER Gerhard, *Was heisst: nach Sinn fragen?* Eine theologisch-philosophische Orientierung (Kaiser Traktate, Nr. 53), München 1982

SAUTER Gerhard, *Das verborgene Leben*. Eine theologische Anthropologie, Gütersloh 2011

SCHÄFER Annette, «Sehr alt zu werden ist kein *Zuckerschlecken*». Paul Baltes im Portrait, Psychologie heute, Heft 2/2007, 38–45

SCHENK Herrad, *Der Altersangst-Komplex*. Auf dem Weg zu einem neuen Selbstbewusstsein (Beck'sche Reihe, Bd. 1755), München 2007

SCHMID Margareta et al., *Medical end-of-life decisions* in Switzerland 2001 and 2013: Who is involved and how does the decision-making capacity of the patient impact? Swiss Medical Weekly 2016; 146: w14307

SCHMID Wilhelm, *Mit sich selbst befreundet sein*. Von der Lebenskunst im Umgang mit sich selbst, Frankfurt a. M. 2004

SCHMID Wilhelm, *Dem Leben Sinn geben*. Von der Lebenskunst im Umgang mit Anderen und der Welt, Berlin 2013

SCHMITT Eric, Was trägt die *Altersbildforschung* zum gelingenden Alter bei? In: M. Kumlehn/A. Kubik (Hg.), Konstrukte gelingenden Alterns, Stuttgart 2012, 229–247

SCHNEIDER-FLUME Gunda, *Alter* – Schicksal oder Gnade? Theologische Überlegungen zum demographischen Wandel und zum Alter(n), Göttingen 2008

SCHNEIDER-FLUME Gunda, *Die Würde des Alters*. Theologische Überlegungen zu ethischen Fragen des dritten und vierten Lebensalters, 2010 (www.ev-akademie-boll.de/fileadmin/res/otg/410310-Schneider-Flume-f2. pdf)

SCHNEIDER-HARPPRECHT Christoph, *Seelsorge* – christliche Hilfe zur Lebensgestaltung. Aufsätze zur interdisziplinären Grundlegung praktischer Theologie (Praktische Theologie interdisziplinär, Bd. 1), Berlin 2012

SCHROETER Klaus R., Zur Kritik der sozialpolitischen Formel der «*Altersaktivierung*», in: Alternde Gesellschaft. Soziale Herausforderungen des längeren Lebens (Jahrbuch Sozialer Protestantismus, Bd. 6), Gütersloh 2013, 246–269

SCHWEDA Mark, *Zwischen universalistischem Egalitarismus und gerontologischem Separatismus*. Themenschwerpunkte und theoretische Perspektiven des medizinethischen Alter(n)sdiskurses, in: A. von Hülsen Esch/M. Seidler/Ch. Tagsold (Hg.), Methoden der Alter(n)sforschung. Disziplinäre Positionen und transdisziplinäre Perspektiven, Bielefeld 2013, 53–71

SCHWEDA Mark, «*Ein Jegliches hat seine Zeit.*» Altern und die Ethik des Lebensverlaufs, Zeitschrift für Praktische Philosophie 1 (2014) H. 1, 185–232

SCHWEIZER Eduard, Der Brief an die *Kolosser* (Evangelisch-Katholischer Kommentar zum Neuen Testament, Bd. 12), Zürich/Neukirchen-Vluyn ^{3}1989

SEITZ Manfred, *Langes Leben* – Wunsch und Grenzen. Altern in Würde und Sinn? Zeitschrift für Gerontologie und Geriatrie 36 (2003) 104–109

SONEGO METTNER Jacqueline, *Ganz brüchig*. Ein behutsames Lob der Brüchigkeit, FAMA 28 (2012), H. 4, 4–6

SPERLING Uwe, *Todeswünsche ernst nehmen* und den Lebenswillen stärken. Zur Suizidgefährdung und Suizidprävention im Alter, Amos international 7 (2013) 4, 21–26

SPINDLER Mone, *«Altern ja* – aber gesundes Altern». Die Neubegründung der Anti-Aging-Medizin in Deutschland, Wiesbaden 2014

SPRAKTIES Gerhard, *Sinnorientierte Altenseelsorge*. Die seelsorgliche Begleitung alter Menschen bei Demenz, Depression und im Sterbeprozess, Neukirchen-Vluyn 2013

STAUBLI Thomas/SCHROER Silvia, *Menschenbilder* der Bibel, Ostfildern 2014

STAUDINGER Ursula M./DITTMANN-KOHLI Freya, *Lebenserfahrung und Lebenssinn*, in: P. B. Baltes/J. Mittelstrass/U. M. Staudinger (Hg.), Alter und Altern: Ein interdisziplinärer Studientext zur Gerontologie, Berlin 1994, 409–436

STÄDTLER-MACH Barbara, *Würde, Wert und Sinn des Alters*. Theologische Reflexionen, Praktische Theologie 41 (2006) 264–271

STEFFENSKY Fulbert, Der alltägliche *Charme des Glaubens*, Würzburg 2002

STEFFENSKY Fulbert, *Schwarzbrot-Spiritualität*, Stuttgart 2006

STEFFENSKY Fulbert, *Mut zur Endlichkeit*. Sterben in einer Gesellschaft der Sieger, Stuttgart 2007

STRÄSSLE Thomas, *Gelassenheit*. Über eine andere Haltung zur Welt, München 2013

THEISSEN Gerd, *Glaubenssätze*. Ein kritischer Katechismus, Gütersloh 2012

THOMAE Hans, *Sinnerfahrung* und personale Geschehensordnung, in: Ders., Dynamik des menschlichen Handelns. Ausgewählte Schriften zur Psychologie 1944–1984, Bonn 1985, 175–182

THOMAS Christine/THOMAS Günter, *Autonomie und Endlichkeit im Alterungsprozess*. Gerontologische und systematisch-theologische Beobachtungen, in: M. Kumlehn/Th. Klie (Hg.), Aging – Anti-Aging – Pro Aging. Altersdiskurse in theologischer Deutung, Stuttgart 2009, 128–143

THOMAS Günter, *Das hohe Alter* als Herausforderung der theologischen Anthropologie, in: Th. Fitzon/S. Linden/K. Liess/D. Elm (Hg.),

Alterszäsuren. Zeit und Lebensalter in Literatur, Theologie und Geschichte, Berlin 2012, 17–47

Tiefensee Eberhard, *Sinn ohne Gott?* Die Frage nach dem Sinn des Lebens im religiös indifferenten Kontext, in: M. Bär/M. Paulin (Hg.), Macht Glück Sinn? Theologische und philosophische Erkundungen, Ostfildern 2014, 42–59

Tornstam Lars, *Gerotranscendence.* A Developmental Theory of Positive Aging, New York 2005

Vaupel James W., «*Statt tot zu sein,* sind sie am Leben», in: T. Hülswitt/R. Brinzanik (Hg.), Werden wir ewig leben? Gespräche über die Zukunft von Mensch und Technologie (edition unseld, Bd. 30), Berlin 2010, 212–225

Vogel Rudolf, *Lebenssinn* in schweren Erkrankungen älterer Menschen. Eine empirische Untersuchung über Selbsttranszendenz, Sinnerfüllung, Sinnkrise im Alter (Dissertation), Heidelberg 2010

Vries Bodo de, *Die Erfindung des Alters*. Gesellschaftliche Risiken und Potentiale durch eine neue Lebensphase, Wege zum Menschen 63 (2011) 125–142

Wagner-Rau Ulrike, «… und *eure Alten werden Träume träumen …*» Praktisch-theologische Denkanstösse zum Prozess des Alterns, Wege zum Menschen 63 (2011) 112–124

Watzlawick Paul, *Vom Unsinn des Sinns* oder vom Sinn des Unsinns (Serie Piper, Bd. 1824), München 1995

Wegner Gerhard, Die Entdeckung der *Generativität des Alters*. Die Theologie im gerontologischen Diskurs, in: Alternde Gesellschaft. Soziale Herausforderungen des längeren Lebens (Jahrbuch Sozialer Protestantismus, Bd. 6), Gütersloh 2013, 135–166

Werren Melanie, «*Ehe die Tage des Übels kommen …*» Kohelet 11,7–12,8 vor dem Hintergrund von alttestamentlichen Altersvorstellungen (Masterarbeit an der Theologischen Fakultät der Universität Bern), 2012

Wessels Ulla, *Der Sinn des Lebens,* in: R. Stoecker et al. (Hg.), Handbuch Angewandte Ethik, Stuttgart 2011, 252–256

Westermann Claus, *Theologie des Alten Testaments* in Grundzügen (Grundrisse zum Alten Testament, Bd. 6), Göttingen 1978

Wiegand Carolin, «*Kommt die Weisheit mit dem Alter?*» – Kreative Potentiale des Alters entdecken und entwickeln, in: Th. Rentsch/H.-P. Zimmermann/A. Kruse (Hg.), Altern in unsrer Zeit. Späte Lebensphasen zwischen Vitalität und Endlichkeit, Frankfurt a. M. 2013, 212–226

WILS Jean-Pierre, *Autonomie und Passivität.* Tugenden einer zweiten Aufklärung im medizinischen Kontext, in: R. Baumann-Hölzle (Hg.), Leben um jeden Preis? Entscheidungsfindung in der Intensivmedizin (Interdisziplinärer Dialog – Ethik im Gesundheitswesen, Bd. 4), Bern 2004, 43–57

WITTGENSTEIN Ludwig, Tractatus logico-philosophicus / *Tagebücher 1914–1916* / Philosophische Untersuchungen (Ludwig Wittgenstein Werkausgabe, Bd. 1; Suhrkamp-Taschenbuch Wissenschaft, Bd. 501), Frankfurt a. M. 1984

WOLFF Hans Walter, *Anthropologie* des Alten Testaments (Kaiser Taschenbücher, Nr. 91), München [5]1990

WYSS Laure, *Schuhwerk im Kopf* und andere Geschichten, Zürich [2]2000

YALOM Irvin D., *Existenzielle Psychotherapie,* Bergisch Gladbach [5]2010

ZIMMERMANN Harm-Peer, *Irrelevanz und Relevanz* von Alter in grossen Religionen, in: Alternde Gesellschaft. Soziale Herausforderungen des längeren Lebens (Jahrbuch Sozialer Protestantismus, Bd. 6), Gütersloh 2013, 74–111

ZIMMERMANN-ACKLIN Markus, *Gesundheitsversorgung* von Menschen im vierten Lebensalter in der Schweiz – Herausforderungen und Perspektiven, in: T. Meireis (Hg.), Altern in Würde. Das Konzept der Würde im vierten Lebensalter, Zürich 2013, 153–167